KB218446

證 道 歌

도를 깨달은 노래

證道歌
도를 깨달은 노래

영가현각 선사 저 시우송강 역해

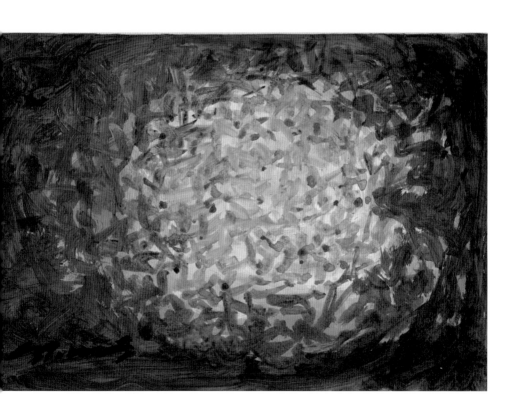

도서출판 도반

시우송강
時雨松江

- 한산화엄(寒山華嚴) 선사를 은사로 득도
- 화엄, 향곡, 성철, 경봉, 해산, 탄허, 석암 큰스님들로부터 선(禪), 교(敎), 율(律)을 지도받으며 수행
- 중앙승가대학교에서 5년에 걸쳐 팔만대장경을 일람(一覽)
- 1987년부터 7년간 대한불교조계종 총무국장, 재정국장 역임
- BBS 불교라디오방송 '자비의 전화' 진행
- BTN 불교TV방송 '송강 스님의 기초교리 강좌' 진행
- 불교신문 '송강 스님의 백문백답' 연재
- 불교신문 '송강 스님의 마음으로 보기' 연재
- 불교신문 '다시 보는 금강경' 연재
-『금강반야바라밀경』시리즈,『송강 스님의 백문백답』,『송강 스님의 인도 성지순례』,『송강 스님의 미얀마 성지순례』,『경허선사 깨달음의 노래(悟道歌)』,『삼조 승찬 대사 신심명(信心銘)』,『송강 스님이 완전히 새롭게 쓴 부처님의 생애』,『초발심자경문』,『다시 보는 금강경』,『말, 침묵 그리고 마음』,『나의 사랑 나의 스승 한산화엄』,『송강 스님의 발칸 · 동유럽 문화 탐방기』 출간
- 2014년 「부처님의 생애」로 중앙승가대학교 단나학술상 수상
- 대한불교조계종 총무원장 표창 2회
- 서울 강서구 개화산(開花山) 개화사(開華寺) 창건

- 현재 개화사 주지로 있으며, 인연 닿는 이들이 본래 면목을 깨달을 수 있도록 기초교리로부터 선어록에 이르기까지 다양한 강좌를 진행하고 있으며, 차, 향, 음악, 정좌, 정념 등을 활용한 법회들을 통해 마음 치유와 수행을 지도하고 있음

책을 펴내며

『증도가(證道歌)』는 『신심명(信心銘)』과 더불어 참선수행을 하는 스님들에게 가장 인기 있는 글입니다. 두 가지 모두 깨달은 선사의 글이기에 공부하는 데 지침이 되기 때문입니다.

『신심명(信心銘)』의 해설서를 펴냈을 때 도반들로부터 왜『증도가(證道歌)』해설서를 함께 만들지 않았느냐는 질책을 받았습니다. 곧 펴내겠다는 약속을 했는데, 좀 늦어졌습니다.

불교는 생사윤회 및 그로부터 파급되는 갖가지 괴로움으로부터 완전히 자유로워지는 것을 목표로 합니다. 이를 해탈이라고도 하고 깨달음이라고도 하지요. 괴로움으로부터 벗어나는 측면에서 보면 해탈(解脫)이 되고, 변화하는 현상이 아닌 청정한 성품자리를 본 것으로 말하면 깨달음(見性)이 됩니다. 스스로 깨달으려 하는 것을 '위로 깨달음을 구한다(上求菩提)'고 하고, 뒤따르거나 곁에 있는 이들을 깨닫게 하려는 것을 '아래로는 중생을 교화한다(下化衆生)'고 합니다. 이 두 가지는 별개의 것이 아닙니다. 우리 모두는 연기적 존재이며 서로 연결되어 있기 때문입니다. 따라서 불교에서 깨달음보다 더 중요한 것은 아무것도 없습니다.

수많은 수행방법이 있는데, 그 모든 수행법은 깨닫기 위한 것일 뿐입니다. 깨달으면 지혜와 자비가 자신에게 이미 있음을 알게 되고, 자연히 그 지혜와 자비를 써서 세상에 회향하게 됩니다.

수행이란 출가자만을 위한 것이 아닙니다. 누구든지 괴로움으로부터 벗어나 자유자재한 삶을 살고 싶다면 수행이 필요할 것입니다. 자신의 형편에 따라 알맞은 방법을 찾으면 되는 것이지요.

영가현각 선사의 『증도가(證道歌)』는 수행하는 이들이 잘못된 길에 떨어지지 않게 하려는 간절함으로 가득합니다. 도반처럼 곁에 두고 도움을 받게 된다면 곧 깨달음이라는 미지의 세계에 이르게 될 것입니다. 모든 이들이 해탈의 자유로움을 만끽하시길 바랍니다.

2020년 음 9월 백일관음기도를 시작하며
開花山 자락에서 時雨 松江 合掌

차 례

자종인득조계로　요지생사불상관
自從認得曹溪路　了知生死不相關　　　222

38　행역선　좌역선　어묵동정체안연
行亦禪　坐亦禪　語默動靜體安然

종우봉도상탄탄　가요독약야한한
縱遇鋒刀常坦坦　假饒毒藥也閑閑　　　228

39　아사득견연등불　다겁증위인욕선
我師得見燃燈佛　多劫曾爲忍辱仙

기회생　기회사　생사유유무정지
幾廻生　幾廻死　生死悠悠無定止　　　234

40　자종돈오료무생　어제영욕하우희
自從頓悟了無生　於諸榮辱何憂喜

입심산　주란야　잠음유수장송하
入深山　住蘭若　岑崟幽邃長松下

우유정좌야승가　격적안거실소쇄
優遊靜坐野僧家　闃寂安居實蕭灑　　　238

41　각즉료　불시공　일체유위법부동
覺卽了　不施功　一切有爲法不同　　　243

42　주상보시생천복　유여앙전사허공
住相布施生天福　猶如仰箭射虛空

세력진　전환추　초득래생불여의
勢力盡　箭還墜　招得來生不如意　　　247

거 성 원 혜 사 견 심　마 강 법 약 다 원 해
去聖遠兮邪見深　魔强法弱多怨害　　　361

문 설 여 래 돈 교 문　한 불 멸 제 령 와 쇄
聞說如來頓敎門　恨不滅除令瓦碎

작 재 심　앙 재 신　불 수 원 소 갱 우 인
作在心　殃在身　不須怨訴更尤人

욕 득 불 초 무 간 업　막 방 여 래 정 법 륜
欲得不招無間業　莫謗如來正法輪　　　366

전 단 림　무 잡 수　울 밀 심 침 사 자 주
栴檀林　無雜樹　鬱密深沈師子住

경 정 림 한 독 자 유　주 수 비 금 개 원 거
境靜林閒獨自遊　走獸飛禽皆遠去　　　371

사 자 아　중 수 후　삼 세 변 능 대 효 후
獅子兒　衆隨後　三歲便能大哮吼

약 시 야 간 축 법 왕　백 년 요 괴 허 개 구
若是野干逐法王　百年妖怪虛開口　　　376

원 돈 교　물 인 정　유 의 불 결 직 수 쟁
圓頓敎　勿人情　有疑不決直須爭

불 시 산 승 령 인 아　수 행 공 락 단 상 갱
不是山僧逞人我　修行恐落斷常坑　　　381

비 불 비　시 불 시　차 지 호 리 실 천 리
非不非　是不是　差之毫釐失千里

증도가를 시작하며

1. 영가현각(永嘉玄覺) 선사

영가현각 선사(永嘉玄覺 禪師, 665~713)는 중국 절강성(浙江省) 온주부(溫州府) 영가현(永嘉縣) 태생이다. 속성은 대씨(戴氏)이고 자(字-이름)는 명도(明道) 또는 도명(道明), 법명은 현각(玄覺)이다. 영가(永嘉)는 깨닫고 난 이후 고향인 영가현에서 교화를 하셨기에 영가 선사(永嘉禪師)라고 존칭하던 호이다.

어려서(8세라고 하는 곳도 있음) 출가하여 경(經)·율(律)·론(論) 삼장(三藏)을 두루 공부하였고, 천태종에 귀의하여 천태지관(天台止觀)을 깊이 닦았다. 천태종의 제8대조인 좌계 현랑(左溪玄朗) 선사와 동문수학한 사이로 육조 대사를 만나기 전에는 천태종의 유망주로 알려져 있었다.

『육조단경』「참청기연품(叅請機緣品)」과『경덕전등록(景德傳燈錄)』제5권에 의하면 현각 스님이 선종과 인연이 된 것은 온주(溫州) 개원사(開元寺)에서 육조 대사의 제자인 현책(玄策) 스님과의 만남 때문이었다. 두 스님이 서로 오가며 얘기를 나누는 사이가 되었는데, 서로 통하는 점도 많을 뿐더러 지견(知見) 또한 서로 통했다. 현책 스님이 현각 스님의 말을 들어보니 옛 조사님들과 깊이 통하므로(暗合諸祖) 그의 스승이 누군지를 물어보았다. 현각 스님이 "제가『유마경(維摩經)』을 공부하다가 부처의 마음 근본을 깨달았으나(悟佛心宗) 그것을 확인할 스승을 만나지 못했습니다"하자, 현책 스님이 그를 인도하여 조계산의 육조 대사를 뵙게 하였다.

조계산에 도착하니 육조 대사께서 마침 법문을 하고 계셨다. 현각 스님은 육조 대사께서 앉

아계신 법상을 세 번 돌고는 석장(錫杖-육환장)
을 짚고 육조 대사 앞에 우뚝 섰다.

육조, "무릇 수행자는 삼천 가지의 위의(威儀-
  예법에 맞는 몸가짐)와 팔만 가지 세행
  (細行-아주 작은 행실)을 갖추어야 하는
  법인데, 대덕(大德)은 어디에서 왔기에
  이리 아만을 내는가?"

현각, "생사의 일이 크고 무상(無常)이 빠릅니
  다."

육조, "어째서 생사 없음을 체득하지 못하며,
  신속함 없음을 깨닫지 못하는가?"

현각, "체득하니 곧 생사가 없고, 깨달으니 곧
  신속함이 없습니다."

육조, "옳다. 그렇다."

현각 스님이 예법을 갖추고 절을 올리고 곧바로
  떠나려 하였다.

육조, "너무 빠르지 않은가?"

현각, "본래 움직이는 것이 아닌데 어찌 빠름이
　　　있겠습니까?"

육조, "누가 움직이지 않는 것을 아는가?"

현각, "스님께서 스스로 분별을 내십니다."

육조, "그대는 남이 없는 뜻을 깨달았구나(甚得
　　　無生之意)!"

현각, "남이 없음에 어찌 뜻이 있겠습니까?"

육조, "만일 뜻이 없다면 누가 분별을 내겠는
　　　가?"

현각, "분별도 역시 뜻이 아닙니다."

육조, "훌륭하다, 훌륭해. 하룻밤 자고 가도록
　　　하라."

　현각 스님이 하룻밤 머물고 떠난 후로 다른
이들이 현각 스님을 일숙각(一宿覺)이라고도 하
였다.

조계산에서 온주로 돌아온 현각 스님은 영가 현에서 후학들을 지도하기 시작했는데, 사람들이 존경의 뜻으로 영가 대사라고 칭했다. 49세가 되던 당 현종(玄宗) 선천(先天) 2년(713년)에 입적했는데, 황제는 무상(無相) 대사라고 시호했다. 저술로는 『증도가(證道歌)』와 『영가집(永嘉集)』이 있다.

영가현각 선사가 육조 대사를 친견한 중국 광동성 조계
산 남화선사 조계문(일주문)

　　　　　　　　　　　　　　– 2012년 4월 10일 촬영.

2. 증도가(證道歌)

　'깨달음을 증득한 노래' '깨달음의 경지를 읊은 노래' 라는 뜻인데, 그 내용은 본문에서 자세히 서술하고 있다.

　가(歌)는 중국에서 옛날부터 시가(詩歌)의 총칭으로 사용된 말로 고시(古詩)에 속하는 시의 한 형태이다. 중국에서 '시(詩)'와 '가(歌)'가 분리된 것은 2~3세기 초인 후한(後漢) 말경부터이다. 영가(665~713) 선사께서 사셨던 시기는 이백(李白, 701~762), 두보(杜甫, 712~770)보다 조금 앞선 성당(盛唐) 시대였다. 그때는 율시(律詩)가 성행했기에 운문 형식의 가(歌)를 형식으로 활용한 것이라고 볼 수 있다.

　『증도가』는 267구(句) 134연(聯)으로 구성되어 있다. 제일 앞의 '군불견(君不見-그대는 보지 못하는가)'을 독립된 구(句)로 볼 수 있기 때문이다. 이 세 글자는『증도가』전체를 관통하는 가장 중요한 구절이다.

50여 년 전만 해도 스님들이『증도가』를 모르면 중요한 대화에 참여할 수 없을 정도였다. 그런 연유로 선사들을 모시고 공부를 하던 고등학교 시절에 나 역시『증도가』를 흥얼거릴 정도였다. 물론 지금도 선 수행을 하는 스님들이 가장 좋아하는 것이기도 하다.

증 도 가
證 道 歌

군 불 견
君不見가

그대, 보지 못하는가!

송강 해설

이 말은 천지를 부수는 뇌성벽력(雷聲霹靂)이다. 악몽을 깨우는 소리이며, 졸고 있는 수행자의 머리에 떨어지는 죽비이며, 한눈을 파는 운전자를 향한 고함이다.

온갖 잡다한 것이 사라진 자리에 온전히 드러나는 것은 무엇인가. 악몽을 깬 사람에게 보이는 것은 무엇인가. 죽비를 맞고 아픔을 아는 놈은 또 누구인가. 제 정신 차린 운전자가 하는 일이 무엇인가.

주인공(主人公)아! 두리번거리지 말라. 그렇게 찾는다고 찾아지는 것이 아니다.

여기서 문득 보았다면 중도가 따위는 잊어라. 본 사람에게는 설명이 군더더기가 되나니, 부질없는 일이 되리라. 그러나 보지 못했다고 지레 포기하지는 말자. 누구나 다 때가 있는 것이니, 중도에서 멈추지 말자.

하지만 섬광(閃光)이라, 너무 빨라 미처 파악도 하기 전에 지나가 버렸군. 만약 보게 된다면 남의 잘잘못으로 부질없이 시간 보내지는 않을 것이다.

방혜자 선생의 작품, 우주의 중심. 개화사 집무실 소장.

절 학 무 위 한 도 인
絶學無爲閑道人은

부 제 망 상 불 구 진
不除妄想不求眞이라

배움 다해 깨달아서 한가로운 도인은

망상 없애지 않고 참됨도 구하지 않네

송강 해설

    절학(絕學)은 배움을 끊었다고 번역하는데, 이는 배움을 포기한 것이 아니라 배움을 모두 마쳤다는 뜻이다. 중도 포기하고는 자기 위안으로 삼으면 곤란하다.

    배움에 다함이 있을까? 만약 공부하는 것이 지식이라면 결코 끝이 없다. 지식은 정보인데, 새로운 정보는 쉼 없이 생기기 때문이다. 만약 공부하는 것이 마음에 대한 가르침이라면 다함이 있다. 깨달으면 더 이상 배울 것이 없다. 자유자재 쓸 뿐이다.

    무위(無爲)에는 일반적인 뜻과 노자사상의 뜻 그리고 불교의 뜻이 각기 다르다. (1) 일반적 의미의 무위는 '아무것도 하지 않음' 또는 '아무것도 이룬 것이 없음'을 가리킨다. 무위도식(無爲

徒食－아무것도 하지 않고 오직 먹기만 함)이 좋은 예이다. (2) 노자의 무위는 인위적인 노력을 하지 않는 것을 가리킨다. 무위자연(無爲自然－자연에 거스르지 않고 순응하는 삶)이 그 예이다. (3) 불교의 무위는 생멸을 초월한 깨달음의 경지이다.

한도인(閑道人)은 자유자재한 경지에서 유유자적하는 사람을 가리킨다. 더 이상 배울 것도 없고 생멸하는 현상 따라 움직이지 않으니 그것이 곧 한가로운 도인의 삶이다. 그런데 또 잘못 이해하는 사람들이 있다. 한가롭다는 것은 평상에 드러누워 흘러가는 구름이나 보는 것을 뜻하는 것이 아니다. 어떤 일을 하더라도 그 마음이 한가롭다는 뜻이다. 남이 보기엔 아주 힘들고 바쁜 삶이라 할지라도 본인은 늘 한가로운 경지가 곧 도인의 삶이다.

망상(妄想)이란 객관적인 어떤 생각이 아니다. 깨닫지 못한 이가 자신을 힘들게 하는 그 모든 생각이 망상이다. 깨달아 편안해진 이는 어떤 생각을 하지 않으려 애쓰거나 또 어떤 생각을 일으킨 후 그 생각을 없애려 전전긍긍(戰戰兢兢)하지 않는다.

진(眞)이란 가짜의 반대인 진짜를 뜻하는 것이 아니다. 깨달음의 경지를 가리키는 말이다. 이미 깨달았다면 또 어떤 깨달음을 구하겠는가. 하나의 정보를 알아도(깨달았다고 착각하는 이도 있음) 새로운 정보는 모르기에 다시 노력하지만, 참된 깨달음은 하나에 통하면 곧 전체와 통한다.

이 구절을 보고는 온갖 분별과 괴로움으로 속을 태우면서 겉으로는 아무 일도 없는 듯, 자신이 사는 삶이 그대로 한가로운 도인의 삶이라고 착각하는 이들도 많더라.

　이 두 구절은 증도가의 백미로 깨달은 사람의
삶을 단적으로 표현한 것이다.

중국 광동성 조계산 남화선사에 모셔져 있는 육조대사 진신상(생전 모습에 옻칠). 촬영 당시는 대웅보전 부처님의 왼쪽 아래 의자에 앉아 계셨음.

– 2012년 4월 10일 촬영.

무명실성즉불성
無明實性卽佛性이요

환화공신즉법신
幻化空身卽法身이로다

근본 번뇌 참 성품이 곧 부처의 성품이요

허깨비 같은 빈 몸이 곧 진리의 몸이로다

송강 해설

무명(無明)의 명(明)은 지혜를 가리키기에 무명은 '지혜 없음'이며, 지혜가 발현되지 않은 상태인 어리석음이다. 이 무명(無明)에 대한 얘기는 각종 논서(論書)에 여러 가지로 설명되어 있는데, 그 설명을 외워 아는 것은 아무 소용이 없다. 간략히 말해 무명(無明)은 괴로움을 일으키는 가장 기본이 되는 상태이다. 자신이 어떤 생각을 했는데, 그 생각으로 인한 말과 행동이 복잡하게 얽히면서 그 결과로 자신을 괴롭게 만들었다면, 그 생각을 일으키는 상태가 곧 무명(無明)이다.

무명(無明)은 가장 어리석은 상태의 중생의 심성(心性)이다. 비록 불성(佛性)이 사라진 것이 아니로되, 어리석은 중생심(衆生心)만 활동을 하는 상태이다. 그러므로 수행에 의해 중생심이 사라지고 본래의 지혜를 완벽하게 쓸 수 있게 되면 부처가 되는 것이다. 부처란 불성(佛性)이 온전히 드러난 상태이고, 중생이란 불성(佛性)이 중생심으로 인해 드러나지 않은 상태이다.

환화(幻化)는 허깨비라는 뜻이다. 우리가 지금 쓰고 있는 몸은 환화신(幻化身)이다. 사람들은 이 환화신(幻化身)을 진짜 나라고 착각한다. 육신은 잠시도 그대로 있지 않고 끝없이 변화를 하기 때문에 허깨비라고 하는데, 이 허깨비를 실체라고 집착하고 있기에 허깨비의 변화를 그대로 받아들이지 못해서 괴로워하게 된다.

그럼 어떻게 괴로움으로부터 해탈할 수 있을까? 자기의 몸은 환화신(幻化身)으로 잠시 인연이 되어서 쓰고 있는 무상한 도구일 뿐임을 살펴, 영원한 존재가 아닌 변화하는 공신(空身)이라는 것을 깨달아야 한다. 인연으로 만들어진 육신이 진짜 나의 몸인 줄로 착각하기에 육신과 함께하고 있는 법신(法身)을 깨닫지 못한다. 만약 육신이 무상한 것임을 확연히 깨달으면, 그 환화신이 곧 법신(法身)과 함께 움직이고 있음을 깨닫게 될 것이다.

사리도 법신이라고 할 수 없다. 그러나 법신이 아니라고
해도 잘못이다. 불교방송국 건립을 위한 사리친견법회
를 할 때 내가 모시고 다녔던 부처님치아사리. 현재 건
봉사 안치.

법신각료무일물
法身覺了無一物이요

본원자성천진불
本源自性天眞佛이라

법신을 깨닫고 나면 걸릴 것 하나 없어

근본 자리 자기 성품 티 없는 부처라네

송강 해설

　만질 수도 없고 볼 수도 없는 법신을 깨닫고 나면 그때 비로소 자유자재한 경지가 된다. 집착할 것이 하나도 없는 경지, 자신을 가로막는 것 하나 없는 경지는 듣고 이해하는 것으로는 불가능하다. 그 경지는 이해 너머에 있다. 그 경지에 도달해야만 비로소 자신의 청정 자성 자리와 만난다. 바로 그것이 허공 같은 천진불이다.

　허공엔 먹장구름이 끼기도 하고 무수한 새가 나르기도 하며, 황사 가득해 햇빛을 가리기도 한다. 그러나 그 순간뿐이다. 구름도 때가 되면 걷히고, 새도 어느 순간에 사라지며, 황사 또한 시간이 지나면 흔적이 없다. 그 무엇도 이 허공을 오염시킬 수 없는 것이다. 바로 그 허공 같은 본래 청정의 자리가 법신이요 자성이다.

인도 아잔타 석굴에 있는 석가모니 부처님의 열반상. 여기에서 생사를 초월하신 부처님을 뵙게 된다면 불성과 법신을 볼 것이다.

– 2009년 12월 3일 참배 후 촬영.

오 음 부 운 공 거 래
五陰浮雲空去來하고

삼 독 수 포 허 출 몰
三毒水泡虛出沒이로다

몸과 정신 뜬구름이라 부질없이 오가고

탐진치 물거품이라 헛되이 출몰하도다

송강 해설

　오음(五陰)은 오온(五蘊)이라고 표현하는 색수상행식(色受想行識)이다. 여기서 색(色)은 육신이고, 수(受)는 감수작용, 상(想)은 추측작용, 행(行)은 구체화작용, 식(識)은 인식작용이다. 이것을 간단히 정리하면 몸과 정신작용이다. 사람들은 바로 이 몸과 정신작용을 '나(我)'라고 집착하는데, 그것은 법신과 불성을 깨닫지 못했기 때문이다. 법신과 불성을 깨닫고 보면 사실 몸과 정신이라는 것이 인연 따라 모였다 흩어지는 뜬구름 같음을 바로 알아버린다. 뿐만 아니라 '생겼다 사라지는 것(去來)'이 실체가 아니라 무상한 변화(空)일 뿐임도 바로 안다. 여기에 어떤 괴로움이 붙을 수 있겠는가.

중생들이 괴로워하는 요인을 흔히 번뇌라 하고, 그 가운데 가장 폐단이 심한 것을 삼독(三毒) 즉 어리석음(癡), 탐욕(貪), 분노(瞋)라 한다. 이 가운데 가장 근본이 어리석음(癡)인데, 어리석음을 뜻하는 한자어는 '의심으로 생긴 병(癡)' 또는 '아는 것으로 생긴 병(痴)'이다. 다시 말해 끝없이 의심하거나 온갖 지식에만 의존하는 상태를 어리석음이라고 본 것이다. 앞의 무명(無明)에서 충분히 살펴본 그대로 지혜를 쓸 수 없는 상태이다. 분수에 맞지 않는 부당한 욕심과 그로 인한 분노는 다만 어리석음에 의해 만들어지는 감정일 뿐이다.

깨닫고 보면 번뇌라는 것이 실체가 없다. 그러나 중생은 실체 없이 상황 따라 생겼다 사라지는 허상을 보고 괜스레 괴로움을 만든다.

깨달음에 이르는 순간 번뇌를 상징하는 모든 마군의 공격은 모두 흔적도 없이 스러져 버리는 것이다. 불화는 석가모니부처님이 보리수 아래에서 마군을 항복받는 장면. 미얀마 헤호 인레호수 안에 있는 '파웅도우 파야'의 벽화.

— 2018년 2월 8일 촬영.

증 실 상 무 인 법
證實相 無人法하니

찰 나 멸 각 아 비 업
刹那滅却阿鼻業이라

참다운 모양 증득해 주관 객관 없으니

찰나에 아비지옥의 업 없애 버리도다

송강 해설

　실상(實相)은 참다운 모양인데, 이는 육신의 눈으로 보는 모양을 말함이 아니다. 깨달음의 눈으로 보는 모양 즉 이치(진리)이다. 참다운 모양을 증득한다는 말은 깨달음의 경지가 되었다는 말이다. 깨달음의 경지는 어떠할까? 바로 고정된 인식의 주관이나 고정된 인식대상인 객관이 없다는 말이다. 고정된 인식 주관이 있다는 것은 고정관념에 사로잡힌 것이니 모든 것을 왜곡시키고, 대상이 실재한다고 생각하면 주관이 그 대상에 집착해 버린다. 둘 다가 허공 같아야 비로소 지혜롭게 되어 자유자재한 것이다.

　업(業)이란 어떤 방향성이며 어떤 틀을 만들어 놓은 것이다. 이것은 어리석음과 집착으로 만들어지는 인과의 원리이다. 만약 깨달아 지혜로 자유자재하다면 어찌 업에 걸리겠는가. 그러니 끝없이 이어지는 아비지옥(無間地獄)의 업인들 어찌 남아 있겠는가.

부처님께서 머무시던 방. 인도 기원정사 여래향실 기단
부. 여기서 석존을 만나고 법문을 듣는 이라면 실상을
볼 것이다.

약 장 망 어 광 중 생
若將妄語誑衆生인댄

자 초 발 설 진 사 겁
自招拔舌塵沙劫이로다

내 만일 거짓말로 중생을 속인다면

무한 세월 혀 뽑는 지옥에 있으리라

불교에서는 미래를 나쁘게 만드는 언어 행위로 네 가지를 꼽았다. 거짓말(妄語), 아첨하는 말(綺語), 이간질시키는 말(兩舌), 욕하는 말(惡口)이 그것인데, 그 가운데 첫 번째가 거짓말이다. 진실을 감추고 거짓말을 하면 믿음을 잃는다. 거짓말에도 선의의 거짓말이 있긴 하다. 누구에게도 피해를 주지 않기 위해서거나 혹은 더 큰 피해를 막기 위해 사실과는 다른 말을 하면 이것이 선의의 거짓말이다. 선지식도 가끔 표현적으로만 보면 거짓말을 하는 듯이 보이기도 한다. 우선은 거짓말처럼 들리지만 결과적으로는 옳은 방향으로 가게 하기 위함이다. 그리고 최종의 목적지에 도달해 보면 그것이 거짓말이 아님을 알게 되는 경우이다.

중생을 속인다는 것은 진리로부터 멀어지게 하거나 깨달음으로부터 멀어지게 하는 것을 뜻한다. 마치 진통제로 고통을 잠시 멈추게 하면서 병이 나았다고 말한다면, 환자의 병은 점점 더 심해져서 위험하게 하는 것과 같은 경우이다. 여기서 영가 선사가 이런 표현을 한 것은 앞에서 말한 내용을 받아들이지 않는 사람들이 아주 많았다는 것을 짐작케 한다. 어디 그때뿐이겠는가. 지금도 여전히 그러하다. 대개 믿는체하는 것일 뿐, 진짜 스스로 확 바뀔 정도로 확신하는 이는 매우 드물다. 심지어 거짓말이라고 오해하는 이들이 훨씬 많다. 하지만 영가 선사는 자신의 온 미래를 다 걸고 거짓말이 아님을 밝히려 한 것이다. 그래서 거짓말로 중생을 속인다면 '혀를 빼서 보섭(땅을 가는 농기구)으로 삼아 밭을 가는 지옥(발설지옥)'에 영원히 들어가겠노라고 한 것이다.

개화사 불단의 부동여래사자(不動如來使者) 또는
부동명왕(不動明王). 산스크리트명 아짤라나아타
(Acalanātha). 수행자를 수호하고 각종 장애를 제거하
여, 마구니 무리(魔衆)를 멸망시켜서 수행을 성취시키는
존상. 이 분노의 모양에서 자비를 읽을 수 있다면 영가
선사의 말씀을 믿을 수 있을 것이다.

돈 각 료　여 래 선
頓覺了 如來禪하니

육 도 만 행 체 중 원
六度萬行體中圓이라

여래의 모든 삼매 단박에 깨달아 마치니

육바라밀과 모든 행 본체 속에 원만하네

여래선(如來禪)이란 '여래의 삼매(三昧)'다.
여래의 삼매란 태자 시절에 반가사유상(半跏
思惟像–이것이 미륵반가사유상의 원형이 됨)
의 자세로 괴로움으로부터 탈출하기 위해 깊
이 침잠했던 그 선정(禪定)이 아니다. 출가 직
후 만났던 알라라 깔라마(Alara Kalama)의 존
재에 대한 집착으로부터 벗어난 무소유처정(無
所有處定)도 아니고, 웃다까 라마풋따(Uddaka
Ramaputta)의 비상비비상처정(非想非非想處
定–욕계와 색계의 거친 생각들로부터는 자유로
워졌으나 무색계의 미세한 생각이 남은 단계의
선정)도 아니다. 심지어 고행림(苦行林)에서 새
가 고타마의 머리에 집을 짓고 알을 까서 새끼
를 키워 떠났다는 육 년 고행 시절의 그 선정도

아니다. 그런 선정들은 정신을 고요히 하여 현실의 괴로움으로부터 벗어나는 시간들이긴 했으나 완벽한 해탈의 삼매는 아니었다. 그러므로 여래선(如來禪)이란 세존께서 보리수 아래에서 대각을 이루신 후 계속된 바로 그 삼매이다. 깨달음 이후의 세존의 삶에는 더 이상의 괴로움이 없었기에 삶 자체가 삼매이며 선정이었던 것이다. 부분적으로 자신을 편케 해 주는 그런 일시적 선정으로 미루어 생각하면 이미 어긋났다.

　대승불교의 참선수행법은 바로 여래의 깨달음으로 돌아가는 선(禪)을 지향한다. 석가모니께서 보리수 아래 깨달음을 이루신 것은 찰나이다. 육년의 고행은 예비단계일 뿐이었지 깨달음을 부분적으로 성취해 온 세월이 아니다. 만약 깨달음을 이루지 못한 상태로 수백 년 수행해도 부처가 아니다. 불교에서 말하는 깨달음은 바로 석가세존의 깨달음 즉 완벽한 해탈(정신적 자유)이다. 그러므로 깨닫고 난 이후의 수행이라는 말은 성립되지 않는다. 이미 괴로움으로부터 해탈한 이가 무엇으로부터 벗어나기 위한 수행을 하겠는가. 깨달음 이후는 그냥 삼매이다. 따라서 부처님의 모든 삶은 삼매였음을 알아야 한다.

여래의 삼매는 몰록 깨닫는 것으로 성취된다. 그래서 돈각료(頓覺了) 즉 몰록 깨달아 수행을 끝냈다고 표현하는 것이다. 그렇게 된 후는 어떠한가? 대승의 육바라밀을 비롯한 온갖 수행으로 이루고자 했던 것들이 이미 자신의 본체 속에 있음을 안다. 그래서 이후의 삶을 한결같은 삼매라고 하는 것이다.

깨닫기 전의 수행은 부처님의 삶을 닮기 위한 노력이라면, 부처님의 만행은 저절로 피어나는 향기와 같은 것이다.

36세의 석가모니께서 당시 가장 존경받던 인물인 우루
벨라가섭이 모시던 화룡(火龍)을 항복받는 장면. 화룡은
우루벨라가섭의 사상을 상징한다. 미얀마 헤호 인레호
수 안에 있는 '파웅도우 파야'의 벽화.

– 2018년 2월 8일 촬영.

몽 리 명 명 유 육 취
夢裏明明有六趣러니

각 후 공 공 무 대 천
覺後空空無大千이로다

어리석은 꿈속에선 육도윤회 분명 터니

깨친 후엔 비고 비어 우주랄 것도 없네

송강 해설

   꿈속이란 깨닫지 못한 중생의 삶을 뜻한다. 깨닫지 못했다는 것은 보고 듣는 그대로를 진실이라고 믿고 집착하며 사는 것을 가리킨다. 그렇기 때문에 깨닫지 못한 상태에서는 부처님의 가르침을 이론으로 자세히 공부하면 그 이론이 진짜라고 생각한다. 그것이 나룻배 또는 손가락이라고 아는 사람은 이미 저쪽 언덕에 도달했거나 손가락이 가리키는 목표물을 정확히 봤다는 뜻이다. 팔만대장경이 이미 손가락이고 나룻배임을 깨달은 사람이라면 그 속의 이론에 집착하여 논쟁을 일삼겠는가. 하지만 깨닫지 못한 사람은 부처님께서 집착을 깨뜨리고 해탈시키기 위해 가르친 약 처방전을 달달 외우며 잘난 체하지만 자신의 병(괴로움)은 병대로 키우고 있으니 어쩌랴.

육취(六趣)란 육도(六道)라고도 하는 것으로 중생이 방황하는 여섯 가지 세계를 뜻하는데, 반드시 죽어서 윤회하는 것만은 아니다. 지금 현재의 삶을 살펴보자. 오로지 현재의 삶이 고통밖에 없다는 경계(地獄), 언제나 배고픔과 목마름의 고통에 찌들어 사는 경계(餓鬼), 어리석기에 언제나 타인에게 이용당하다가 희생되는 경계(畜生), 무언가 가치 있는 것을 지킨다며 투쟁만 일삼는 경계(阿修羅), 찰나마다 눈앞 경계 따라 희로애락(喜怒哀樂)을 일삼는 경계(人間), 과거의 결과물인 복락을 누리는 경계(天上)에 매달리고 있지 않은가. 때때로 이 경계는 바뀌기도 한다. 그래서 윤회이다. 어떤 이는 지옥의 삶에서 천상의 삶으로 상승하기도 하고 , 또 어떤 이는 좋은 경계에서 나쁜 경계로 추락하기도 한다. 만약 이들에게 그것이 꿈속의 일이라고 하면 진실로 믿는 사람이 몇이나 될까? 그래서 '꿈속에서는 너무나 분명하다'고 표현한 것이다. 여섯 경계 어디에 있건 모두가 그것을 실재(實在)라고 믿으며 사는 것이다. 그러니 고락(苦樂)을 벗어나지 못하는 것이다.

깨친 사람은 중생들이 윤회하는 그 여섯 경계가 모두 어리석음으로 그려놓은 그림자임을 안다. 그러므로 집착도 하지 않고 끌려다니지도 않으며, 늘 자유롭고 맑으며 즐겁다.

공(空)이란 깨달은 이가 지혜의 눈으로 보는 이치이다. 이론으로 뜻풀이하는 온갖 언어나 의미가 아니다. 공(空)의 이치를 본, 깨달은 사람은 무엇을 억지로 잡으려하거나 무엇으로부터 벗어나려고 하지 않는다. 이미 영원히 잡아놓을 수 있는 것이 없음도 깨달았고, 또 벗어날 것

없음도 확연히 깨달았기 때문이다. 따라서 고락
(苦樂)에 묶이지도 않는다. 깨달은 이에게는 대
우주의 존재 따위도 없다. 그가 곧 우주이기 때
문이다. 그의 삶은 바람처럼 물처럼 인연 따라
누군가를 시원하게 하거나 이익 되게 하며 무심
히 흐를 뿐이다.

시간과 공간을 초월하는 이치를 봐야 한다.

— 석가모니의 먼 과거생 수행자인 선혜에게 연등불이
성불을 예언하는 장면. 왼쪽은 선혜로부터 먼 훗날 부
부가 될 것을 약속받고 연꽃을 선물로 준 공주. 미얀마
헤호 인레호수 안에 있는 '파웅도우 파야'의 벽화.

— 2018년 2월 8일 촬영.

무 죄 복 무 손 익
無罪福 無損益하니

적 멸 성 중 막 문 멱
寂滅性中莫問覓이라

죄 없고 복 없으며 손해 없고 이익 없으니

적멸한 성품 가운데서는 묻거나 찾지 않네

송강 해설

죄가 있다느니 복이 있다느니 하는 것은 어리석은 인과의 선상에서 하는 말이다. 어떤 일을 행함에 손해와 이익이 있다는 것 또한 중생들의 분별일 뿐이다.

인과에 두 가지가 있다. 하나는 중생의 어리석은 인과이고, 또 하나는 수행자의 밝은 인과이다. 중생의 어리석은 인과는 괴로움이라는 결과와 그 괴로움의 원인을 밝히는 인과이다. 괴로움이 왜 생겼는지를 바로 알려줌으로 해서 괴로움으로부터 벗어나게 하는 데 목적이 있다. 그렇다면 괴로움에서부터 완전히 벗어나기 위해서는 어떻게 해야만 하는 것일까? 바로 수행자의 인과를 따르면 된다. 괴로움이 더 이상 없는 평화로운 경지(열반, 적멸)에 이르기 위해서는 삶의 모든 방식이 중도의 경지이면 된다. 그 것을 간단히 정리한 것이 팔정도이다. 두 개의 인과의 원리를 밝혀 둔 것이 사제법(四諦法)이 다.

손익 또한 중생의 이기심에 있는 분별이다. 분별의 입장에서는 나와 타인의 관계는 너무나 분명한 듯 보이고, 당연히 자신에게 이익인지 손해인지를 따지게 되는 것이다. 만약 타인을 깨달음으로 인도하려고 갖가지 방편을 쓰는 입장이라면 매사를 손익관계로 판단하지 않는다. 보살의 행한 바가 없는 경지라면 무슨 손익이 있겠는가.

적멸성(寂滅性)이란 온갖 번뇌가 사라져 버 린 청정본성을 가리킨다. 적멸(寂滅)이란 번뇌 도 괴로움도 사라져 버린 완전한 해탈이며 깨달 음의 경지를 뜻한다. 이 해탈에 이르기 위해서는 중생의 인과를 분명히 밝혀, 괴로움을 일으키는 행위를 되풀이하지 않게 해야 한다. 그리고 수행의 인과를 밝혀 팔정중도의 삶을 살게 해야 한다.

그러나 이미 괴로움으로부터 해탈한 이에게 괴로움으로부터 벗어나게 하기 위한 인과를 설명할 필요가 있겠는가. 뿐만 아니라 이 깨달음에 이른 이에게 수행의 인과를 설명하여 깨달음에 나아갈 수행을 하게 할 필요가 있겠는가. 그러므로 깨달음에 이른 이들이라면 인과니 사제니 팔정도니 하며 서로 옳고 그름을 따질 필요도 없거니와 그런 쓸데없는 일을 하지도 않는다. 그러므로 적멸의 성품자리에 도달한 사람은 더 이상 의심이 없고 따라서 묻지도 찾지도 않는다.

여기 또 무엇을 보태야 하나?

– 북제시대 불상.

비 래 진 경 미 증 마
比來塵鏡未曾磨러니

금 일 분 명 수 부 석
今日分明須剖析이로다

근래까지 먼지 낀 거울 닦아내지 못했는데

오늘 분명하게 쪼개어 마침내 흩어버렸네

* 비래(比來) : 멀지 않은 요즈음. 깨닫기 전.
* 수(須) : 마침내.
* 부석(剖析) : 쪼개어(剖) 흩어버림(析).

송강 해설

   1미터 암반 아래 지하수가 있을 때, 90센티미터까지 구멍을 뚫었어도 우물을 판 것이 아니다. 1미터를 완전히 뚫어서 물을 만나야 비로소 우물을 뚫은 것이다. 1미터 암반을 번뇌 망상이라 놓고 뚫는 것을 수행이라고 하며, 물을 청정 본성(불성)이라고 비유해 보면 수행과 깨달음의 관계가 분명해진다.

   만약 90센티미터까지 뚫다가 그만두면 90%의 우물이 된 것이 아니다. 그냥 우물을 파지 못하고 만 것이다. 그건 99센티미터까지 뚫다가 그만두어도 실패한 것이며, 그때까지 우물은 존재하지 않는 것이다. 1미터를 완전히 뚫는 순간 우물은 나타난 것이며, 점진적으로 우물이 나타난 것이 아니라 문득 우물이 나타난 것이다. 이

것이 단박 깨달음(頓悟)이다. 그럼 수행은 어떻게 되는 것일까? 점차 수행할 것이 남아있는 것이 아니다. 수행 즉 뚫는 것은 물이 터진 순간 끝난 것이다. 그 다음 우물의 부대시설을 하는 것은 뚫는 것이 아니다. 선적인 표현을 빌리자면 보호임지(保護任持)의 준말인 보림(保任)이다. 석가세존의 경우 성도 이후 각 7일간씩 일곱 그루의 보리수 아래를 옮겨 앉으며 49일간 스스로의 깨달음을 확인 정리하신 기간에 속한다. 단박 깨닫고 점차 수행한다는 말이 얼마나 허무맹랑한 말인지를 알 수 있을 것이다. 어떤 이들은 석가세존의 깨달음과 스님들의 깨달음이 다르기에 점수(漸修)가 필요하다고 하는데, 그럼 암반을 완전히 뚫지 않은 것도 우물이라고 하는 말이 성립된다는 것인가?

그렇기 때문에 깨닫기 전까지는(比來) 오래 수행했어도 번뇌를 닦아낸 것이 아니다(塵鏡未曾磨).

오늘(今日)이란 깨달은 이후이다. 깨달은 이후라면 굳어진 온갖 관념이 쪼개지고 흩어져서(剖析) 모든 것이 분명해진다. 이 경지에 이른 사람이라면 이론적인 문제로 옳고 그름을 일삼겠는가. 이제까지 이론으로 연구하고 찾아다니던 바로 그 경지에 이른 사람이라면, 다시 그 경지를 찾아다니며 한탄하겠는가.

만약 중도에 수행을 포기한 사람이 깨달은 체한다면 구분할 수 없는 것 아닌가? 그의 언행과 그의 삶을 보면 된다. 만약 그가 불행해 보이고 괴로워 보이고 자유로운 일상이 아니라면 그는 사이비다.

석가모니께서 깨달음을 이루신 후 칠 일 단위로 보리수
를 옮겨 앉으시며 깨달음의 내용을 음미하실 때, 마지막
일곱 번째 보리수 아래에 머무시던 부처님께 대무역상
이었던 따뿌싸(Tapussa)와 발리까(Bhallika)가 최초로
공양을 올리고 귀의했다. 이들은 부처님으로부터 머리
카락 몇 가닥을 받아서 그들의 나라인 미얀마로 돌아가
대탑을 세웠다. 그것이 양곤의 상징과도 같은 쉐다곤 탑
이다.

수무념 수무생
誰無念 誰無生고

약실무생무불생
若實無生無不生이라

누가 쓸데없는 생각 없으며 누가 나는 것
없는가

만약 참으로 남이 없다면 나지 않음도 없느
니라

송강 해설

무념(無念)이란 쓸데없는 생각 즉 번뇌가 없다는 말이다. 이를 아무 생각도 없는 목석처럼 생각하면 아주 크게 어긋난다. 만약 부처님이 목석처럼 아무 생각이 없었다면 가르침이 나오지 않았을 것이다. 깨달은 사람에게는 괴로움을 만드는 쓸데없는 생각이 없다.

무생(無生)은 무생사의 경지이다. 즉 나고 죽음에 걸리지 않는 경지인 깨달음을 가리킨 것이다.

누가 망념이 없고 누가 생사 없는 경지인가? 이 말 한마디는 비호같은 화살이 되어 과녁을 꿰뚫고 있다.

만약 이 구절을 '누구나 생각이 있고 누구나 나고 죽는 것이다'고 해석해 버린다면 영가 선사를 똥구덩이에 빠뜨리는 것이다. 과녁이 어디인가. 손가락에 집착하면 이미 틀렸다.

만약 참으로 남이 없다면 나지 않음도 없다.

이 얼마나 시원한 말인가. 이것을 두고 '누구나 나고 죽는 것이다'라고 해석한다면 이 또한 침향을 숯과 교환할 사람이다. 만약 늘 마음이 고요한 사람이라면 그가 시장 가는 것을 꺼리고 깊은 산에 가는 것을 좋아하겠는가. 그에겐 시장이나 산이나 다를 것이 없는 것이다.

진짜 생사를 초탈한 이가 있다면, 그가 생사를 벗어나려고 발버둥 치겠는가. 단어의 뜻을 따르지 말고 그 경지에 이르러야 한다. 자신이 그 경지도 아니면서 섣부른 흉내나 내며 만족해하다가는 머지않아 큰 두려움을 만나게 될 것이다.

중도(中道) 사성제(四聖諦) 등을 설명하시는 녹야원의
부처님 - 사르나트박물관 소장.
부처님의 삶은 모든 것이 삼매이다.

환 취 기 관 목 인 문
喚取機關木人間하라

구 불 시 공 조 만 성
求佛施功早晚成가

조종되는 나무사람 불러서 물어보라

부처 구해 공 베풀면 언제쯤 이룰지

송강 해설

기관목인(機關木人)은 나무로 사람 모양을 만든 장치인데, 그 안에서 사람이 조종을 해야만 움직이는 것이다. 이 말이 때로는 우리의 육신(肉身)을 가리키기도 한다.

불교 공부는 의심이며 물음이다. 하지만 누구에게 물을 것이냐가 문제이다. 대부분 이 문제를 엉뚱한 시각으로 본다. 기관목인은 그것을 조종하는 사람이 없으면 움직이지 못하는 것이니, 일종의 영혼 없는 사람과도 같다. 좀 더 불교식으로 표현하면 깨닫지 못한 사람이다. 물론 경전도 여기에 해당되고 깨닫지 못한 교학자도 여기에 속한다.

그럼 깨달은 사람을 찾아가면 그가 깨달음을 줄까?

질문을 누구에게 할 것인지를 아직도 모른다면 딱한 일이다.

부처를 구해 공을 베푼다(求佛施功)는 말은 무서운 함정일 수도 있고, 자비로운 가르침일 수도 있다. 물론 공부하는 사람의 선택에 따라 그렇다는 말이다. 부처를 어디에서 구한다는 것이며, 또 어떻게 공을 베푼다는 말인가. 잘 살피고 잘 살펴야 한다.

여기서는 철저히 잘못된 방향을 가리킨 말이며, 그렇기 때문에 그 방법으로는 이룰 수 없다는 것을 지적하고 있다.

선사들은 "나무장승이 노래를 한다."거나 "돌사자의 울음소리를 들어라."하는 등의 말을 하는데, 여기 사용된 '기관목인(機關木人)'을 같은 활용으로 보는 것은 무리다. 쓰임새가 다르기 때문이다.

가장 중요한 열쇠는 앞에서 말한 '수무념 수무생(誰無念 誰無生)'이다. 다시 말해 '누가 생각이 없으며 누가 남이 없는가?'에서 '누가'이다.

부처님께서 나무 아래에서 삼매에 들어계실 때 젊은이
들이 찾아와 어떤 여자 한 사람을 보지 못했냐고 물었
다. 같이 놀러 나왔던 여자가 자신들이 잠든 사이에 잠
시 벗어놓은 보배장신구를 가지고 도망가 버렸다는 것
이었다. 부처님께서는 '잃어버린 장신구'와 '잃어버린 마
음'에 대한 법문을 해 주시어 젊은이들이 맑은 정신을
되찾게 해 주셨다.

    – '파웅도우 파야'의 벽화. 2018년 2월 8일 촬영.

방 사 대 막 파 착
放四大 莫把捉하니

적 멸 성 중 수 음 탁
寂滅性中隨飮啄이라

사대육신 놓아버려 집착하지 않으니

적멸한 성품 속에서 곧 먹고 마시네

송강 해설

　도를 증득한 노래를 읊고 있는 영가 선사의 경지에서는 무엇을 하지 말라는 주의나 어떻게 하라는 권유의 말 따위가 군더더기가 된다. 언제나 집착 없는 일상 속에서 인연 따라 행할 따름이다.

　사대(四大)란 네 가지 요소라는 뜻으로, 우리의 육체를 구성하고 있는 기본을 지수화풍(地水火風)의 네 가지로 정리한 것이다. 즉 땅의 요소인 지대(地大)는 뼈와 살 따위를 가리키고, 물의 요소인 수대(水大)는 우리 몸의 피와 수분을 가리키며, 불의 요소인 화대(火大)는 체온을 가리키고, 바람의 요소인 풍대(風大)는 움직임과 호흡을 가리킨다. 그러므로 사대(四大)는 곧 육체를 가리키는 것이며 흔히 사대육신(四大肉身)이라고도 한다.

몸은 집착의 근원이다. 그건 몸과 더불어 살고 있기 때문인데, 세상에서 가장 잘 만들어진 물건이니만큼 사람의 마음을 장악하는 힘도 탁월하다. 사대육신을 놓는다는 말은 육신으로부터 자유로워진다는 말이다. 사대육신을 무시하고 산다는 말이 아니라, 더불어 살면서 형편 따라 조화롭게 한다는 말이다. 그래서 힘든 경우가 많더라도 괴로움으로 옮겨가지 않는 정신적 경지를 뜻한다. 바로 그것이 집착하지 않는 경지이다.

오래전에 고인이 되신 유명한 불교학자가 있었다. 나와 친해서 농담을 주고받는 사이였는데, 만나기만 하면 이론에만 머물지 말고 실제로 마음이 자유로운 경지가 되는 공부를 하라고 권하곤 했었다. 그때마다 그이는 생사에 걸릴 것이 없다며 웃어넘겼다. 이십여 년 전 밤중에

전화를 걸어 자기에게 와달라고 해서 병원으로 달려갔는데, 병원에 실려 오고 보니 죽음의 공포 때문에 잠을 잘 수 없어 전화를 했다는 것이었다. 그때 이후로 내가 권하는 대로 마음공부를 한 그 박사는 죽음을 앞두고 자식들을 불러 모든 일을 마무리하고 자식들 보는 앞에서 미음 한 그릇 비우고는 고요히 눈을 감았다.

적멸성(寂滅性)이란 깨달은 이의 경지이며 모든 사람의 본성자리이다. 어떤 환경에서도 그 고요한 성품에서 벗어나지 않는다면 괴로울 일이 없다. 어떤 일도 그때그때의 상황 따라 적절히 행하며 자유롭고 즐겁게 살 뿐이다. 그래서 수음탁(隨飮啄) 즉 눈앞의 상황에 맞춰 곧 먹고 마신다고 했다.

이와 같은 삶을 일러 해탈경계라고 한다.

서핑(surfing)에 자유자재한 사람은 파도를 피하지도 않고 파도를 이기려고도 하지 않는다.

15 여래의 완전한 깨달음

제 행 무 상 일 체 공
諸行無常一切空이

즉 시 여 래 대 원 각
卽是如來大圓覺이로다

모든 현상 무상하여 일체가 공한 것

바로 이게 여래의 완전한 깨달음이네

송강 해설

제행(諸行)은 '모든 현상'이다. '모든 존재'라는 뜻도 되지만, 그 경우는 대개 제법(諸法)이라고 표현한다.

모든 현상은 동일한 상태로 있는 것이 아니다 (諸行無常). 사랑하는 현상이나 미워하는 현상도 시간이 흐르면서 바뀐다. 봄인가 했더니 곧바로 여름이고, 가을인가 했더니 순식간에 겨울이다. 인간의 내적 심리현상도 끝없이 바뀌고, 몸을 비롯한 바깥세상의 모든 현상도 쉼 없이 바뀐다. 이것을 일러 공(空)이라고 한다. 공(空)은 끝없는 변화이다(無限變移).

열심히 노력하여 익힌 지식은 잠시 후면 쓸모없게 되어 다시 또 익히느라 진땀을 뺀다. 죽자고 고생하여 이루었나 했더니 아차 하는 순간에 흩어져 버린다. 몹쓸 짓까지 해가며 올랐던 자리는 잠시 머물다 내려와야 하고, 행복할 것이라 기대하며 목표에 도달하려는 순간 어느덧 한 생의 끝이 보인다.

무상(無常)과 공(空)은 나쁜 쪽으로만 작용하는 것이 아니다. 몸이 아프다가도 낫는 것이나 가난한 사람이 부자가 되는 것, 노력해서 성공하는 것이나 나쁜 상황이 좋게 되는 것도 무상과 공의 원리이다. 그러므로 좋은 상황에도 머물려고 해선 안 된다.

사람들은 입으로는 무상(無常)이 어떠니 공(空)이 어떻다느니 잘도 떠들지만, 변화를 받아들이지도 못하고 흘러감도 놓지 못하여 끝없는 괴로움을 만든다.

인간의 심리현상도 끝없이 변화하는 것이며 바깥의 모든 현상도 그러하다는 것을 분명히 깨달아버리면, 더 이상 그 현상에 속지 않고 집착하지 않는다. 안팎의 현상을 완전히 초월할 때 비로소 지혜가 빛을 발한다. 자신이 자신의 심리 변화를 고요히 바라볼 수 있는 사람, 눈앞의 현상을 영화 보듯 맑게 볼 수 있는 사람을 지혜로운 사람이라고 한다.

어리석음은 마치 초점이 고정된 카메라렌즈로 사물을 보는 것과 같다. 초점이 맞지 않거나 움직이는 물체는 흐리게 본다.

슬기로움은 고요한 마음 상태에 있는 사람의 눈과 같다. 멈춘 것은 멈춘 것대로 움직이는 것은 움직이는 대로 모든 것을 분명하게 보는 것이다.

만약 자신의 모든 심리현상에 매달리면서 전전긍긍하거나 눈앞의 현상마다 집착하며 변화를 받아들이지 못한다면, 그것을 일러 중생의 어리석음이라고 한다.

만약 매 순간 무상(無常)을 꿰뚫고 공(空)의 이치 속에서 자유자재하다면, 그것을 일러 부처님의 완전한 깨달음이라고 하는 것이다.

만약 무상과 공이 아니면 이 상태로 살아야 할 것이다.
무상이고 공이기에 맑아질 수 있다. – 감정의 포로가 된
상태의 중생심리 같은 모래폭풍.

결 정 설 표 진 승
決定說 表眞乘을

유 인 불 긍 임 정 징
有人不肯任情徵하라

결정적인 말씀과 깨달음의 길 드러냄을

인정치 않는 사람 있다면 맘껏 물어라

송강 해설

결정적인 말씀(決定說)이란 괴로움으로부터 완전히 벗어나는 가르침을 뜻한다.

종교란 참으로 다양한 사람들이 의지하는 것인데, 그런 만큼 가르침의 수준이 천차만별이다. 예컨대 물질적으로 잘 살고 싶어 하는 사람에게는 그 수준에 맞는 가르침을 말해 줄 수 있고, 무언가 위안을 받기를 원하는 사람에게는 위안이 되는 말을 해 줄 수 있다. 최근에 유행하는 힐링(Healing)이란 것이 치유(治癒)를 뜻하는 말이지만, 실제로는 마음 조금 편안하게 해 주는 정도를 목적으로 하는 경우가 대부분이다.

최근에는 많은 사찰에서 힐링(Healing)을 내걸고 템플스테이(Temple stay)를 하고 있다. 그런데 인터넷에 검색을 해보면 '한국의 가장 성공적인 문화 관광상품'이라거나 '일종의 사찰 체험관광 프로그램' 등으로 설명되고 있다. 궁금해서 템플스테이를 체험한 기자에게 "어떤 변화가 있었느냐?"고 물어봤더니 "기억에 남는 것이 별로 없습니다."고 답했다.

1967년 처음 4박 5일간의 불교수련대회에 참석해서 총 6천 배의 예참(큰절)과 16시간의 참선과 16시간의 기도 외에 강의와 도량청소 등의 숨돌릴 틈 없는 수련을 한 것이 내 삶의 방향을 완전히 바꾸어 놓았다. 그 수련대회 내내 지도법사 스님으로부터 들었던 말씀은 '생사해탈'이었다. 그때 비로소 스님들의 수행이라는 것이 얼마나 치열하고 절박함의 연속인지를 알게 되었다.

불교에서 행하는 여러 가지 행사들이나 가르침이 나름대로의 이유가 있긴 하다. 그러나 삶의 괴로움으로부터 완벽하게 벗어나는 해탈의 가르침이 아니라면 진짜 불교라고 하기엔 부족하다. 그러므로 해탈의 길을 밝힌 가르침을 결정적인 말씀(決定說)이라고 했다.

깨달음의 길 드러냄(表眞乘)이란 우리의 청정본성 밝힘을 뜻한다. 진승(眞乘)이란 일승(一乘) 또는 일불승(一佛乘)이라고도 하는 것으로 '성불하는 길'을 뜻한다. 출가자의 최종 목적은 부처가 되는 것이다. 쉽게 말하면 완벽한 깨달음에 이르는 것인데, 석가모니부처님을 스승으로 여기는 출가자이기에 완벽한 깨달음에 이르렀다고 해도 석가모니와 같은 불(佛)이라는 존칭 대신 보살(菩薩) 또는 조사(祖師)라는 표현을 한다.

불교수행의 목적은 교리를 암송하는 것도 아니고 대학자가 되는 것도 아니며, 사찰의 책임을 맡아 불법을 전하는 주지를 하는 것도 아니다. 물론 수행의 과정이나 결과로 그런 자리에 잠시 머물기도 하지만, 어디까지나 자신의 본성을 분명히 깨달아 완벽한 해탈로 대 자유인이 되는 것이다. 그런 후에 다른 사람을 인도하는 것 또한 당연히 할 바이다.

그러나 위의 깨달음이나 해탈이라는 것은 체험의 문제이기에, 그 경지에 이르지 못한 사람들은 그것을 부정할 수도 있다. 만일 다른 이유 즉 세상의 또 다른 가치관으로 해탈과 깨달음을 부정하고 싶은 사람이 있다면 얼마든지 물어봐도 좋을 것이다. 문답의 시간이 길어질수록 자신의 일반적 가치관이 잘못되었음을 알게 될 것이다. 단 이 문답은 직접 만나서 목숨을 걸고 해야 한다. 문명의 편리한 도구 뒤에 숨어서 별것 아닌 지식을 나열하는 식으로 해서는 곤란하다. 머릿속에 입력된 지식을 나열할 틈도 허용하지 않는 폭풍 같은 문답을 견딜 수 있어야 한다.

완전한 깨달음에 이르신 조사님 가운데 한 분인 달마대
사. – 한산당 화엄대선사의 달마도, – 개화사 설법전,

직 절 근 원 불 소 인
直截根源佛所印이니

적 엽 심 지 아 불 능
摘葉尋枝我不能이로다

곧바로 근원 끊는 것이 불타 가르침의 핵심
이니

나뭇잎 따고 가지를 찾는 것을 나는 하지
않는다

송강 해설

   부처님께서 수많은 가르침을 남기셨는데, 그 가르침들은 모두 괴로움으로부터 벗어나는 방법들이다. 괴로움은 사실 개개인 스스로가 만드는 것이니, 그때마다 처방전을 내다 보면 끝이 없다. 그러므로 괴로움을 일으키는 근원을 찾아 끊어버려야 한다.

   사람의 심리를 분석한 『유식론(唯識論)』에서는 괴로움을 일으키는 번뇌를 여러 가지로 설명하고 있는데, 그 가운데 근본이 되는 것으로 여섯 가지를 설명했다. 즉 탐(貪-탐욕), 진(瞋-성냄), 치(癡-어리석음), 만(慢-거만), 의(疑-의심), 악견(惡見-그릇된 견해)의 여섯 가지가 가장 좋지 않은 번뇌이다. 그러나 이 가운데 가장 나쁜 것은 치(癡, moha, avidhyā - 어리석음)

로, 현상계(事)와 그 본질(理)의 진리인 연기(緣起)·무아(無我)·중도(中道)를 모르는 상태이다.

세상의 모든 존재나 심리 상태는 수많은 것들이 상호작용을 하므로 있는 듯이 보이는 것이다. 그런데 그것을 영원한 것으로 집착하거나 절대적인 것으로 착각함으로 인해 무한히 변화하는 세상과 자신의 몸과 심리 등을 바로 보지 못하고 집착함으로써 괴로움(苦)을 일으키는 것이다.

사실 괴로움이나 번뇌의 종류는 무한정이다. 그러므로 그 낱낱을 좇아다니다 보면 허송세월을 하게 된다. 그러므로 번뇌의 근본을 찾아 원천적으로 제거해야 한다. 번뇌의 근본은 어리석음인데, 이것은 무식(無識)이나 무지(無知)를 뜻하는 것이 아니라 '지혜가 없는 상태'인 것이다.

그러니 지혜가 발현되는 순간 어리석음은 곧바로 사라져 버리는 것이다. 밤에 어두운 방에서 그 어둠을 사라지게 하는 방법은 불을 켜는 것이다. 불을 켜는 순간 어둠과 밝음이 싸우는 것이 아니라 어둠이 그냥 사라져 버리는 것이다. 깨달으면 어리석음도 괴로움도 곧바로 사라져 버린다. 그러니 한바탕 크게 웃으며 자유롭게 되는 것이다.

오래전 미타사 주지를 할 때였다. 건물 바로 옆에 아카시아가 우거져서 위험하기 짝이 없었다. 공무원들과 의논하여 큰 나무 몇 그루를 베었는데, 시간이 흐르자 주변이 아카시아로 뒤덮여 버렸다. 아카시아의 뿌리가 지표면 가까이로 뻗는다는 것은 알고 있었지만, 그 뿌리마다 새 아카시아가 나올 줄을 미처 몰랐던 것이다. 나무 전문가에게 문의를 했더니 가을에 아카시아를 베면서 그 자리에 나무를 죽이는 약을 바르면 뿌리까지 약이 침투하여 깨끗해질 것이라고 하였다. 만약 그 사실을 모르고 매년 새로 나온 아카시아를 자르기만 했다면 온 산이 아카시아로 뒤덮였을 것이다.

번뇌를 아카시아 베듯이 하는 사람이 있다. 그런 사람은 갈수록 더 힘들어한다. 사실 번뇌는 실체가 있는 것이 아니라 자신의 어리석음으로 인해 스스로 일으킨 임시적인 것일 뿐이다. 이 어리석음은 지혜가 발현되면 즉시에 사라진다. 그런데 지혜는 인식작용에 속하는 것이 아니라 청정자성에서부터 나오는 것이므로, 자신의 어리석은 인식을 좇을 것이 아니라 근본자리인 청정한 자성자리로 들어가면 된다. 그것을 깨달음이라 하는 것이다.

이 이치를 모르는 사람은 계속 불교의 용어를

익히고(摘葉-잎 따기) 문장을 외우거나 따지는 것(尋枝-가지 찾기)으로 세월을 보낸다. 이미 해탈한 사람은 더 이상 그런 일을 하지 않는다.

상담을 하다 보면 말썽 피우는 자식의 뒤치다 꺼리로 골머리를 앓는 이들이 많다. 일으킨 사건을 수습하는 방법은 백 년을 해도 소용없다. 자식의 버릇을 고쳐야 하며, 버릇을 고치기 위해서는 마음자세를 바꾸어주어야 한다.

파키스탄 라호르박물관에 소장된 간다라시대의 석가고
행상. 이 정도의 고행으로도 깨닫지 못하자 보리수 아래
로 자리를 옮겨 자신의 내면 깊이 들어가는 선정(禪定)
을 통해 깨달음에 이르셨다.

마 니 주 인 불 식
摩尼珠 人不識이여

여 래 장 리 친 수 득
如來藏裏親收得이라

최상의 보배구슬 사람들 알지 못함이여

자기 성품 안에서 직접 거둘 수 있다네

송강 해설

마니주는 인도의 단어 마니(maṇi)와 구슬 주 (珠)를 합친 말이다. 흔히 여의주(如意珠)라고 도 한다. 누구라도 이 구슬만 가지면 세상의 일 이 마음대로 된다는 보배구슬이다. 세상에 이런 구슬이 어디에 있는가. 물론 형체를 갖춘 이런 구슬은 존재하지 않는다. 그러니 사람들이 모를 수밖에 없다.

동화 〈알라딘의 램프〉를 대부분 그저 재미있 는 상상의 얘기로만 알고 있다.

「말썽꾸러기 알라딘은 어느 날 마법사를 만나 마법의 반지를 받고는 땅속의 동굴에 들어간다. 마법사는 알라딘에게 "수많은 방의 그 어떤 보 석도 만지지 마라. 만지는 순간 너도 그 보석이 되고 만다. 가장 안쪽에 있는 방에 있는 램프만

들고 나와야 한다.”고 주의를 주었다. 알라딘은 시키는 대로 먼지투성이 램프만 들고 동굴 입구에 왔으나 마법사는 램프를 먼저 주지 않는다고 동굴 속에 가둬 버렸다. 우여곡절 끝에 마법의 반지를 이용하여 집에 돌아왔고, 이윽고 어머니로 인해 램프의 요정 '지니'를 부릴 수 있게 되어 공주와 결혼해서 행복하게 살게 되었다. 하지만 공주의 실수로 램프를 마법사에게 뺏기게 되었으나, 다시 반지의 도움으로 마법사를 죽이고 완전히 행복해졌다.」

이제 상징을 풀어보자. 알라딘은 모든 중생이고 마법사는 인식작용이며 땅속 동굴은 마음이다. 동굴의 갖가지 방은 중생의 욕망이고 먼지투성이 램프는 번뇌에 덮인 자성자리이다. 반지의 요정은 지식이고, 램프의 요정 '지니'는 지혜이다. 공주는 행복이며 어머니는 자비이다.

사람들은 스스로의 인식작용으로 항상 마음을 만난다. 어느 때 그 마음 안으로 들어가지만 대개 욕망의 포로가 되고 만다. 마음의 가장 깊고 은밀한 곳에 이르면 자성자리를 만나게 되는데, 처음엔 그 활용법을 모른다. 결국 인식작용에 갇히는 신세가 된다. 이때 지식의 도움과 자비의 헌신으로 잠시 행복에 이르지만, 행복에 도취되는 순간 자성과 멀어진다. 그러므로 세속적 행복이 아닌 최후 열반의 상락아정(常樂我淨)인 적멸의 행복이라야 최후의 자유자재한 경지인 것이다.

마니주 즉 여의주는 밖에 있는 것이 아니다. 바깥은 그저 무대일 뿐이다. 마치 알라딘의 램프처럼 자신의 내면 깊숙한 곳에 번뇌라는 먼지에 뒤덮여 있어서, 그 참된 가치를 가늠할 수 없는 자성자리가 가장 고귀한 보배구슬이다.

여래장(如來藏)이란 여래(如來－본래 부처)가 숨겨져 있는 중생의 자성자리이다. 그것이 번뇌에 뒤덮여 있기에 여래가 있는 줄을 잘 모른다. 비록 이해했다고는 할지라도 이 여래 즉 절대자유의 해탈경지는 그 누구도 찾아줄 수 없다. 오직 스스로 찾아내야만 한다. 알라딘이 인식작용(마법사)과 지식(마법의 반지)과 자비심(어머니)을 잘 활용하여 한 번도 가 본 적이 없는 저 깊은 내면의 방으로 들어가 램프(청정자성)의 주인이 되는 것과 같은 이치이다.

인도 아잔타 제10석굴인 예배당(chaityagriha) 중앙의 부처님 사리탑. 이곳에서 석가세존을 만날 수 있다면 자성을 보는 것이 어렵지 않을 것이다.
　　　　　　　　　－ 2009년 12월 3일 참배기도 후 촬영.

육 반 신 용 공 불 공
六般神用空不空이요

일 과 원 광 색 불 색
一顆圓光色不色이로다

여섯 가지 신통묘용 공이면서 공 아니고

한 덩이 둥근 빛은 빛이면서 빛 아니로다

송강 해설

여섯 가지 신통묘용(六般神用)은 우리의 여섯 가지 감각기관이 여섯 가지 인식작용을 하는 것을 가리킨다. 즉 보고, 듣고, 냄새 맡고, 맛보고, 몸으로 느끼고, 생각하는 것이다. 그런데 이것이 신통묘용이 되려고 하면 앞에서 마니주(摩尼珠)로 표현된 청정자성을 깨달은 경지(見性)라야 한다.

일반적으로 깨닫지 못한 어리석은 상태에서 보고, 듣고, 냄새 맡고, 맛보고, 몸으로 느끼고, 생각하는 것은 괴로움으로 연결된다고 해서 여섯 도둑이 드나든다고 표현한다. 어리석은 상태에서는 우리가 인식하는 것들이 대부분 괴로움을 만들며, 기쁨 등을 느끼기도 하지만 결과적으로는 괴로움으로 이어지기 십상이다.

신통묘용이란 괴로움이 없는 상태, 즉 지혜의 작용을 뜻한다. 깨달으면 오염된 인식으로부터 완전히 벗어나기에 매양 지혜를 쓴다. 『유식(唯識)』에서는 중생의 인식하는 주체(心王-識)를 안이비설신(眼耳鼻舌身)의 전오식(前五識), 제육의식(第六意識), 제칠 말나식(第七 末那識), 제팔 아뢰야식(第八阿賴耶識)으로 구분했다. 그리고 중생의 심리작용(心所)으로는 51개의 작용으로 설명했다. 하지만 이것은 어리석은 상태에서 괴로움을 만드는 여러 가지를 분석해 보인 것이며, 우리의 본래 모습이 그렇다는 뜻이 아니다. 진짜는 앞의 네 가지 인식주체(心王)가 성소작지(成所作智), 묘관찰지(妙觀察智), 평등성지(平等性智), 대원경지(大圓鏡智)로 전환된 상태가 본래의 자성자리와 만난 상태 즉 견성(見性)의 경지임을 설명하기 위함이다. 이것이 우리의 진짜 모습이라는 것을 밝힌 것이『유식(唯識)』이다.

『유식(唯識)』을 연구하는 이들이 오위백법(五位百法)을 분석하고 설명하면서 네 가지 지혜로의 전환을 빼고 인간의 존재를 규명하려고 한다면 큰 잘못이다.『유식(唯識)』의 복잡다단한 분석과 설명은 마지막에 밝히고 있는 깨달음으로의 전환인데, 직접 깨달음의 자리에 이르지 못한 상태에서 중간의 설명을『유식(唯識)』의 전체인 것처럼 천착하고 설명하는 잘못을 저지르는 것이다. 이것은 마치 괴로움으로부터 해탈시키기 위한 과정의 가르침인 무아(無我)나 무상(無常) 또는 일체개고(一切皆苦)를 부처님의 최종적인 가르침으로 착각하는 것과 같은 경우이다. 깨달음의 경지인 열반(涅槃)의 경지에서는 항상함(常)·즐거움(樂)·진아(我)·맑음(淨)의 네 가지 덕목(四德)이 있음을 설파한 것을 공부하지(체험하지) 않았거나 무시해 버리는 것과 같은 오류이다.

깨닫지 못한 상태에서는 여섯 가지 작용이 괴로운 망상번뇌일 뿐이다. 그러므로 신통묘용을 알지도 못하고 쓰지도 못하며, 따라서 신통묘용 따위는 헛소리(空)라고 보는 것이다. 하지만 깨달은 분상에서는 신통묘용이 분명할뿐더러 일상에서 늘 쓰고 있는 것이며, 그러므로 그 경지에서는 분명히 있는 것(不空)이다. 이는 오직 경지에 따라 공하기도 하고 공하지 않기도 한 것이다.

한 덩이 둥근 빛(一顆圓光)은 마니주의 빛이다. 즉 청정자성에서 나오는 지혜인 것이다. 그러나 이 또한 깨달은 분상에서는 분명한 빛(色)이지만, 깨닫지 못한 상태에서는 아무리 많은 설명을 들어도 볼 수 없고 쓸 수 없기에 빛이 아니다(不色).

신통묘용의 극대화를 보여주는 십일면천수천안관세음
보살상. 전단향목으로 조성. 티벳 라사 포탈라궁 소장.

정 오 안 득 오 력
淨五眼 得五力이여

유 증 내 지 난 가 측
唯證乃知難可測이라

다섯 가지 안목 맑히고 다섯 가지 힘 갖춤
이여

오직 증득해야 비로소 알 뿐 측량키는 어렵
도다

송강 해설

　다섯 가지 안목이라 함은 그 종류가 다섯이란 뜻이 아니라 그 경지를 다섯으로 나눠 설명한 것이다. 다섯 가지 안목이란 다음과 같다.

(1) 앞에 있는 사물을 보고 느끼는 육체의 눈(肉眼)

(2) 세상의 이치를 꿰뚫어 보는 하늘의 눈(天眼)

(3) 스스로 어리석음에서 완전히 벗어난 지혜의 눈(慧眼)

(4) 지혜와 자비로 중생을 살피는 진리의 눈(法眼)

(5) 맑고 큰 거울처럼 어떤 차별도 없이 중생과 세상을 낱낱이 보는 부처의 눈(佛眼)이다.

　다음으로 언급한 다섯 가지 힘(五力)은 깨달음으로 나아가는 마음의 역량을 가늠해 놓은 것이다. 마음에는 수많은 역량이 있지만 깨달음으로 나아가기 위해서는 다음에 설명할 다섯 가지 역량이 없으면 곤란하다. 다섯 가지 힘이란 다음과 같다.

(1) 믿음의 힘(信力)은 부처님의 가르침과 중생 성불에 대한 믿음이다. 이 힘은 삿된 길에 빠지는 것을 막아주는데, 이 믿음이 부족하면 흔들려버린다. 결국 자신이 성불해야겠다는 원력마저도 흔들려 포기하고는 엉뚱한 짓만 한다. 예컨대 자신이 수행하여 깨닫는 것은 자신이 없으니까, 그때부터 타인의 삶에 관심을 가지고 옳으니 그르니 하면서 자신의 경지가 맑거나 높다는 착각으로 대리만족을 하게 된다. 결국 자신이 얼마나 잘못된 행위를 하는지도 모르고 자신의 삶을 낭비하고 만다.

(2) 바른 목표를 성취하기 위한 노력하는 힘(進

力)은 수행이 아니라도 필요한 것이지만, 깨달음을 위한 길은 워낙 험난하기에 정진력(精進力)이 부족하면 결코 깨달음에 이르지 못한다. 이 힘이 부족하면 목표에 도달하지도 못했으면서 타성에 젖어 만족하며 살려는 나태한 사람이 되고 만다.

(3) 바른 생각에 집중하는 힘(念力)이 부족하면 부질없는 생각으로 스스로 어지럽다. 결국 수행과는 거리가 먼 망상을 일으켰다가 지우는 일을 되풀이하게 되고, 이윽고는 삿된 생각으로 살림살이를 삼고 만다. 경전 독송이나 염불, 정근, 예참, 참선 등이 이 힘을 길러준다.

(4) 어지러움이 없는 고요한 힘(定力)은 세상 모든 것의 진실을 볼 수 있게 한다. 이 힘이 없으면 어지러운 자기 생각에 매몰되어 대상의 실체를 보지 못한다.

(5)번뇌가 없는 지혜의 힘(慧力)은 세상 모든 것
으로부터 초월하여 자유자재한 삶을 살 수 있
게 한다. 이 힘이 생기면 어떤 것도 더 이상
자신을 괴롭힐 수 없게 된다.

이상의 다섯 가지 안목과 다섯 가지 능력은
비록 다섯 가지로 나누어 놓긴 했으나 별개의
것이 아니다. 모두가 자신의 자성자리에서 나오
는 안목이며 능력이다. 그러므로 오직 자기 성
품을 깨달은 경지(見性)에서만 생기는 안목이며
능력일 뿐으로, 낱낱의 풀이를 암기하고 이해한
다고 생기는 것은 아니다.

네 사람이 동서남북으로 산을 오른다고 할
때, 중턱에서 자기의 위치나 자기가 본 것을 전
화로 말하면 네 사람이 모두 일치하지 않는다.
만약 이때 자신이 보는 것만이 옳다고 상대의
말을 부정한다면, 네 사람 의견 모두는 서로에

의해 부정될 것이다. 비록 네 사람이 보고 있는 것은 한쪽 방향의 편견이긴 하지만 그렇다고 거짓말은 아니다. 이들이 모두 산의 정상에 올라 사방을 모두 볼 수 있게 되면, 그 모두가 산의 한 부분이거나 혹은 어느 지점에서 본 것임을 알 수 있게 된다. 그러므로 산의 정상에 이르렀을 때에만 편견으로부터 자유롭게 되고 모두를 인정할 수 있게 되는 것이다. 이것은 이론이나 상상으로 측량할 수 있는 경지가 절대 아니다.

보로부두르(borobudur) 대탑 정상의 한 부분.

－ 1994년 9월 29일 촬영.

보로부두르(borobudur) 대탑의 입구에서 본 모습.

　　　　　　　　　　　　　－ 1994년 9월 29일 촬영.

보로부두르(borobudur) 대탑은 거대하며 상상을 초월한다. 어느 한 곳도 동일한 곳이 없다. 직접 낱낱 부분을 살펴보고 또한 전체를 본 사람만이 대탑을 알 수 있다.

경 리 간 형 견 불 난
鏡裏看形見不難이나

수 중 착 월 쟁 염 득
水中捉月爭拈得가

거울 속 형상 관찰해 보는 건 어렵지 않으나

물속 달을 잡으려 한들 어찌 쥘 수 있겠는가

송강 해설

거울 속의 형상이란 실물이 비친 것이니, 진짜 같은 가짜이다. 그 가짜를 보는 것이야 거울에 이상이 없는 한 누구나 볼 수 있다.

우리가 안다는 것은 무엇인가? 진짜 같은 가짜이다. 그것은 직접 경험이나 간접 경험을 통해서 이해한 것이다. 하지만 그것은 자기의 실제가 아니다. 종교 철학 정치 경제 등을 자기 역량대로 배우고 이해하는 것은 누구나 할 수 있다. 하지만 그것은 실제가 아니다.

수많은 경영자를 교육하는 경영학 대가가 정작 자신이 운영하는 회사는 망하는 경우를 본다. 스님들의 포교 방식을 조리정연하게 비판하던 불교학자가 자신이 세운 포교원을 운영하지 못해 1년 만에 문 닫는 경우도 있다. 그들이 가르치던 것들이 수많은 변수에 제대로 대응하는 지혜가 아니라, 그저 통계에 의하거나 타인의 경험에 의한 굳은 지식이기 때문이다.

물속의 달도 진짜를 닮은 가짜이다. 이것도 그 가짜 달을 보는 것은 쉽다. 그런데 진짜 달을 잡으려 하면 불가능하다. 헛된 이론이나 관념에 사로잡힌 사람을 빗대어 호수의 달을 잡으려는 원숭이와 같다는 표현을 한다.

머릿속에 있는 진리는 다만 이론일 뿐이다. 이론으로 알고 있는 깨달음도 그저 깨달음에 대한 설명일 뿐이다. 늘 불교의 진리가 어떠니 깨달음이 어떠니 하던 이가, 자신이 만나는 작은 경계에 무너져 극도의 화를 낸다거나 슬퍼하는 것을 보게 된다. 자신이 알고 있던 것이 가짜이기 때문이다. 자신의 경지는 알고 있던 것보다 훨씬 보잘것없었다는 뜻이다.

회광반조(廻光返照)라는 말이 있다. 밖으로만 향하던 관심사나 자신이 천착(穿鑿)해 있는 이론이나 관념에서 떠나 자기의 자성을 보라는 말이다. 깨달음은 밖의 앎이 아니다. 스스로 그렇게 된 경지인 것이다.

장엄한 불상도 진짜를 보게 하기 위한 형상일 뿐 진짜 부처는 아니다. 인도 부다가야 마하보디대탑 안의 석가 모니불.

−2017년 2월 17일 촬영.

상 독 행 상 독 보
常獨行 常獨步나

달 자 동 유 열 반 로
達者同遊涅槃路라

항상 홀로 행하고 언제나 홀로 걷지만

통달한 이는 함께 열반 길에 노닐도다

송강 해설

　대개 사람들은 오랫동안 홀로 있는 것을 두려워한다. 잠시 잠깐 세상이 귀찮다거나 사람들을 만나기 싫어서 스스로를 고립시키는 경우가 있긴 하지만, 기한 없이 홀로 있으라고 하면 견디지 못한다.

　주변 사람들 가운데 "스님은 개화사를 떠나지 않고 혼자 지내시는데, 무슨 재미로 사세요?"라는 질문을 하는 이들이 꽤 있다. "모든 일들이 재미있답니다."라고 답하면 이해할 수 없다는 표정을 짓는다. 사실 나는 혼자 지내지 않는다. 정말로 부처님 가르침을 좋아하는 이들이 늘 주변에 있고, 마음 통하는 이들이 늘 찾아온다.

　마음공부를 한 사람은 바깥세상의 것들에 끌려다니지도 않고 다른 사람들을 의지하지도 않는다. 다만 상황 따라 어울릴 뿐이다. 홀로 행하고 걷는다는 것은 해탈경계를 뜻한다.

통달한 사람들끼리는 굳이 도모하지 않아도 마음과 마음이 서로 통하기에 대립이나 다툼이 없다. 아무리 바쁘게 움직이더라도 마음은 한가롭고, 아무리 복잡한 일을 하더라도 마음은 간단명료하다. 깨달음에 이른 사람의 경지는 같기에 같이 노닌다고 하는 것이다.

인도 녹야원의 순례자. 혼자이면서 또한 모든 불제자와
함께 한다.

                              – 2009년 12월 9일 촬영.

조 고 신 청 풍 자 고
調古神淸風自高여

모 췌 골 강 인 불 고
貌悴骨剛人不顧로다

취향 예스럽고 정신 맑아 기세 절로 높음이여

얼굴 초췌하고 뼈 앙상해 사람들 보지도 않네

송강 해설

　열반의 길에 노니는 사람 즉 깨달은 사람은 일반적인 것들에 끌려다니지 않는다. 음식을 먹더라도 음식이 주인 노릇하게 하지 않고 불사(佛事)를 하더라도 그 불사가 일반 경영의 수준으로 떨어지게 하진 않는다. 어떤 취미 생활도 아주 평범한 취향이나 수준 이하로 하지도 않지만 그렇다고 그 취미 생활이 방편 그 이상이 되게 하지도 않는다. 사람들을 인도하기 위해 차나 향이나 음악을 활용할지라도 그것들이 주인의 자리에 서고 자신이 끌려가게 하지도 않을뿐더러 그런 것들에 지나치게 집착하지도 않는 것이다. 그러기에는 그의 영적인 경지가 너무나 드높기 때문이다. 누가 높여주는 것이 아니라 스스로가 그렇다는 것이다.

그럼 그런 사람의 모습은 어떠할까? 남들이 봐 주는 모습(얼굴)에 연연하지 않는다. 세상의 인기를 위해 누구나 할 수 있는 평범한 얘기를 떠들지도 않고, 알맹이도 없이 화려한 언변으로 사람들을 대하지도 않는다.

　　바른 수행의 지도자나 종교지도자는 대중의 인기를 얻기 위해 저잣거리에 나서서 자신의 영혼이 꾀죄죄하게 되도록 자신을 팽개치지 않는다. 인기로 사는 연예인들이야 그렇다고 하더라도 정신적 지도자가 남의 이목에 신경 쓰느라 자신의 영혼이 피폐한 지경에 떨어지게 하지는 않는다.

　　얼굴이 초췌하다는 말은 인기 따위에 연연하지 않기에 대중적인 인기가 별로 없다는 뜻이고, 일시적 감정을 좋게 하는 그런 말이나 행동을 하지 않는다는 뜻이다.

뼈가 앙상하다는 것은 꾸중할 사람은 꾸중하고 차갑게 대할 사람에게 한없이 차갑게 대하면서 깨달음의 핵심에 이르도록 하는 것을 뜻한다.

그러므로 평범한 사람들은 그런 선지식이 옆에 있어도 알아보지 못하고, 알아보지 못하므로 배울 생각도 않는다. 그것을 두고 사람들이 쳐다보지도 않는다고 했다.

길게 자란 머리칼에 꾀죄죄한 옷차림을 한 맨발의 노
승이 달을 가리키며 낄낄대고 웃는 모습을 본다면 사
람들은 뭐라고 할까? ㅡ 간송미술관 소장. 이정(李霆,
1541~?) 문월도(問月圖).

궁 석 자 구 칭 빈
窮釋子 口稱貧하나

실 시 신 빈 도 불 빈
實是身貧道不貧이라

열반 이른 불제자들 입으로 가난하다고 말
하나
실로 이 몸은 가난해도 도가 가난한 건 아
니네

송강 해설

궁석자(窮釋子)는 두 가지로 해석이 가능하다. 하나는 '궁핍한 부처님 제자'이고 다른 하나는 '열반(涅槃)에 이른(窮) 부처님 제자(釋子)'라는 뜻이다. 당연히 뒤의 해석이 보다 전체적 흐름에 맞다.

이미 도(道)에 이른(열반에 이른) 수행자는 이제 가진 것이 없다. 중생의 살림살이인 일체의 번뇌도 다 사라졌으니 가진 것이 없고, 어떤 자리 어떤 곳에 있더라도 일체의 집착으로부터 다 벗어나 버렸으니 가진 것이 없는 것이다. 그렇기 때문에 필요할 때는 거기에 맞추어 쓰지만 필요가 없어지면 쓸 일이 없으니 가진 것이 없고, 비록 주지(住持) 등의 공식적인 소임을 인연에 따라 볼지라도 그 자리가 본래의 자기 자리

아님을 명확하게 알고 집착하지 않으니 그저 소임을 볼 뿐 그로 인해 괴로움을 갖지 않으니 가진 것이 없다.

옛 스님들은 스스로를 빈승(貧僧)이라고 칭하길 좋아했다. 직역하면 가진 것이 없는 가난한 수행자라는 뜻이 되겠지만, 부족한 수행자라는 겸손의 말도 되고 또는 적멸의 삼매에 노니는 수행자라는 뜻도 되는 것이다. 그러므로 몸이나 감정 등(身)을 장식하는 집착(有住)도 꾸밈(有爲)도 없으므로 번뇌 망상의 입장에서는 가난한 것이지만, 열반(涅槃) 적멸(寂滅) 경지(道)는 걸림 없고 자유자재한 것이다.

망망대해 위를 혼자 나는 군함조(軍艦鳥, frigate bird)는
일견 가진 것 없어 보이지만, 나는 힘이 강해서 온종일
날아다녀도 물 위에 내려앉는 일이 거의 없다. 하늘과
바다가 온통 자신의 살림살이인 셈이다.

빈즉신상피루갈
貧則身常披縷褐이요

도즉심장무가진
道則心藏無價珍이로다

가난한즉 몸에는 항상 거친 누더기를 걸쳤고

도인즉 마음엔 값 매길 수 없는 보배 감췄네

송강 해설

  가난하다(貧)는 것은 어떤 집착도 없다는 것이며, 몸에 누더기를 걸쳤다는 것은 사람들 눈에 띄는 외적인 명예 따위에 전혀 관심을 쏟지 않는다는 말이다.

  말로는 도를 깨달았다거나 '한 소식 했다'는 이들이 어찌 명예랄 것도 없는 종단의 각종 자리를 두고 다투는 선거에 나가 온갖 허물을 만들고 있는지 안타깝다. 출가라는 것이 그런 것으로부터 벗어나는 행위인데 다시 또 세속적인 것에 집착하여 추태를 보이며, 비구 비구니가 선거 못해 환장한 것 아닐진대 무슨 직접 선거까지 하겠다고 설치는지 안타깝다. 선거를 하면 그만큼 업장이 소멸되고 해탈이라도 한다는 말인가.

  옛날엔 원로급 스님들이나 혹은 대중들이 추

천 또는 추대를 하여 헌신하는 입장에서 그런 자리를 맡기도 했다지만, 요즘의 선거라는 것이 진흙탕 싸움 아니던가. 무릇 수행자 집단에 선거라는 요상한 제도를 도입한 자체가 망조가 든 것이다. 하물며 신행(信行)에 힘써야 할 신자들까지도 끼리끼리 작당하여 종단의 혜택이라도 보려는 심산인지 정의나 화합을 외치면서 싸움판을 벌이는 것을 보면 참 마구니(Māra, 魔羅)가 따로 없구나 싶기도 하다.

절대자유의 길에 노니는 사람이라면 주어지는 어떤 소임(책임을 맡는 것)을 피하지도 않지만, 스스로의 명예 때문에 그런 자리를 탐하거나 다투지는 않는다. 오직 자신이 서 있는 자리에서 전법(傳法-부처님의 가르침을 전함)과 교화(敎化-어리석은 사람을 깨우침으로 인도하는 것)에 힘쓸 뿐이다.

도(道)라는 것은 평범한 안목에는 보이지 않는 것이다. 하지만 지혜의 안목이 열리면 천지에 도(道) 아님이 없다. 요즘에는 도인(道人)이 없다고 떠드는 이들이 있는데, 이는 곧 자신의 안목이 지극히 못났다는 자백과 같다. 부처님 곁에서도 부처님을 비난한 사람들은 많았다. 그들의 안목이 그 정도밖에 되지 않았기 때문이다. 세상에는 도인 천지다. 그들은 제각기 다른 모습으로 평범하게 사는 듯이 보이지만, 언제나 자유롭고 평화롭다.

도라는 것은 밖으로 보이는 것이 아니라 마음의 경지를 일컫는 것이니, 자기 마음도 모르는 어리석은 사람이 타인의 마음 경지를 어찌 알겠는가. 마음도 밝고 지혜의 안목도 열려서 안과 밖이 탁 트여 밝아야 비로소 도의 경지라고 할 수 있다.

방안에서 문을 닫고 볼 경우, 바깥이 밝으면 안에 그림자를 드리우고 안이 밝으면 안만 보이고 바깥은 깜깜하다. 그러니 문을 열어 안과 밖이 동시에 밝아야 한다.

무 가 진 용 무 진
無價珍 用無盡하니

이 물 응 기 종 불 린
利物應機終不悋이라

값 매길 수 없는 보배는 끝없이 쓸 수 있으니

사람 이롭게 함에 근기 따라 마침내 아낌없네

※ 응기(應機)는 응연(應緣) 또는 응시(應時)로 된 곳도 있는데,
뜻은 비슷하다.

송강 해설

값을 매길 수 없는 보배이니 아무리 써도 다함이 없다. 그것이 물질이라면 언젠가 끝날 때가 있는 것이지만, 마음에 감추어진 지혜이니 어찌 끝이 있겠는가. 이 청정자성에 감춰진 자신의 지혜는 물질이 필요하면 물질을 쓸 수 있고, 정신력이 필요하면 정신력을 쓸 수 있어서 마치 마르지 않는 샘과도 같고, 꺼지지 않는 햇빛과도 같다. 그것은 큰 거울에 무수한 영상이 스치고 지나가도 거울 자체는 닳아 없어지는 것이 아닌 것과도 같은 것이다.

명예나 지위 또는 엄청난 재산이라 해도 그것은 영원하지도 않고 한결같지도 않다. 뿐만 아니라 그런 것들이 모든 괴로움을 소멸시키지도 못한다. 그러나 자신에게 본래 있는 청정자성으로부터 무한정 나오는 지혜는 모든 괴로움을 소멸시킬 뿐만 아니라 없어지지도 않는 것이다.

지혜는 없어지는 것이 아닐뿐더러 세상을 이롭게 하는 데에 가장 요긴하게 쓰인다. 하지만 지혜가 모든 사람을 다 이익 되게 하지는 않는다. 지혜의 빛이 누구에게나 보이는 것이 아니기에 지혜로운 이가 옆에 있어도 멀리하는 사람에게는 다른 방법이 없다. 부처님께서 일체중생을 제도하시려고 하셨으나 정작 옆에 있으면서도 받아들이지 않는 이에게는 별 도리가 없었던 것이다. 아무리 뛰어난 방편력을 갖추었어도 자신이 마음을 열지 않는 사람에게는 소용이 없는 것이다. 하지만 이는 선지식이 자신의 지혜를 아까워하여 베풀지 않기 때문은 아니다.

부처님께서 해탈에 이르는 지혜를 설하신 인도 영취산
여래향실에 오르는 길에는 지혜보다는 순례자들의 작은
베풂을 갈망하는 여인들이 앉아 있었다.
              – 2009년 12월 7일 성지순례 길에 촬영.

삼 신 사 지 체 중 원
三身四智體中圓이요

팔 해 육 통 심 지 인
八解六通心地印이로다

세 가지 몸과 네 가지 지혜 본체 가운데 원

만하고

여덟 해탈과 여섯 신통 마음 땅에 분명한

것이로다

세 가지 몸(三身)은 진리의 몸인 법신(法身)과 수행 결과의 몸인 보신(報身)과 자비화현의 몸인 화신(化身)이다. 이 세 가지 몸은 깨닫기만 한다면 본체에 이미 갖추어 있는 것을 쓸 수 있다. 그러나 수행하지 않고 망상만 피우고 있어서는 요원한 얘기이다.

네 가지 지혜(四智)는 크고 원만한 거울 같은 지혜인 대원경지(大圓鏡智)와 평등한 성품의 경지에서 비롯되는 지혜인 평등성지(平等性智)와 마음의 눈으로 살피는 지혜인 묘관찰지(妙觀察智)와 뜻한 일을 이루는 지혜인 성소작지(成所作智)의 넷이다. 이 네 가지 지혜는 우리의 인식이 인식의 한계를 넘어설 때 나타나는 빛이다. 그러나 이 또한 밖으로부터 얻어지는 것이 아니라 깨달으면 제8아뢰야식, 제7말나식, 제6의식, 전5식이 전환되는 것일 뿐이다.

8해탈은 번뇌의 속박에서 벗어나는 여덟 가지 해탈을 정리한 것인데, 쉽게 풀어보면 다음과 같다.

(1) 내관색해탈(內觀色解脫)은 기존 집착으로부터의 자유.

(2) 외관색해탈(外觀色解脫)은 집착 일으킴으로부터의 자유.

(3) 정처해탈(淨處解脫)은 매사 부정적으로 생각하지 않아도 집착에 빠지지 않는 부정적 사고로부터의 자유.

(4) 공무변처해탈(空無邊處解脫)은 물질 전반으로부터의 자유.

(5) 식무변처해탈(識無邊處解脫)은 인식 전반으로부터의 자유.

** 이상의 다섯 가지 해탈에 의해 네 가지 지혜 가운데 성소작지(成所作智)가 발현됨.

(6) 무소유처해탈(無所有處解脫)은 존재 자체로 부터의 자유로, 이로써 묘관찰지(妙觀察智)가 발현됨.

(7) 비상비비상처해탈(非想非非想處解脫)은 관념으로부터의 자유로, 이로써 평등성지(平等性智)가 발현됨.

(8) 구경멸처해탈(究竟滅處解脫)은 마음작용으로부터의 자유로, 이로써 대원경지(大圓鏡智)가 발현됨.

6신통(六神通)이란 일반인들이 생각할 수 없고, 수행에 의해 갖추게 되는 여섯 가지 불가사의하고 자유자재한 능력을 뜻한다.

(1) 신족통(神足通)은 몸이 자유롭게 오갈 수 있

는 능력으로 오래전에는 신체의 자유가 별로 없었다.

(2) 천안통(天眼通)은 눈으로 보는 현상 이면의 이치를 보는 능력이다.

(3) 천이통(天耳通)은 귀로 듣는 소리 이면의 숨겨진 뜻을 아는 능력이다.

(4) 타심통(他心通)은 밖으로 드러내지 않는 상대의 진심을 알아차리는 능력이다.

(5) 숙명통(宿命通)은 과거에 있었던 일들에 대한 통찰능력이다.

(6) 누진통(漏盡通)은 모든 번뇌가 더 이상 일어나지 않는 해탈경지이다.

위에서 설명한 8해탈과 6신통 또한 밖에서 얻어지는 것이 아니라 청정한 마음에 나타나는 특별한 능력일 뿐이다.

세 가지 몸과 네 가지 지혜, 여덟 가지 자유와 여섯 가지 특수 능력이 참으로 어마어마해 보이지만 깨닫고 보면 본성에 있던 것이고 맑은 마음에서 사용할 수 있는 능력이라는 것이다.

천 개의 손과 천 개의 눈이 상징하는 그 엄청난 지혜와
자비도 결국 청정한 마음의 작용일 뿐이다.

상 사 일 결 일 체 료
上士一決一切了나

중 하 다 문 다 불 신
中下多聞多不信이라

뛰어난 자질의 사람은 한 번 열림에 모든

것 마치지만

중간과 아래 자질은 많이 들을수록 더욱 믿

지 못하네

송강 해설

어떤 산을 오래 다녀 통달한 사람이라면 그 산의 어느 장소를 들어도 금방 알아버린다. 비록 같은 산이 아니라도 히말라야의 한 봉우리를 오른 사람이라면 다른 봉우리에 오른 사람의 얘기를 그대로 믿고 받아들인다.

그러나 산의 중간이나 아래 능선을 두루 돌아다녀서 그 산을 잘 안다고 착각하는 사람은 더 높은 능선에서만 경험할 수 있는 상황을 들으면 있을 수 없는 일이라며 믿질 않는다.

불교교학을 공부하는 사람들이 흔히 빠지기 쉬운 착각은 자신이 보고 들은 만큼 그 경지를 다 안다고 믿어버린다는 것이다. 하지만 불교의 교학이라는 것도 정신적인 경지를 설명한 것이지 단어나 문장의 해석능력이나 암기능력을 확장하기 위한 것이 아니다. 예컨대 '번뇌즉보리(煩惱卽菩提)'라는 문장을 '번뇌가 곧 깨달음이다.'라고 암기해 버린다. 생략된 말을 미처 살피지 못한 것이며, 전체를 살피는 지혜가 없기 때문이다. 이렇게 되면 온갖 망상을 피우며 괴로워하는 자신을 깨달았다고 착각해 버리는 것이다. 이런 사람은 괴로움이 곧 도(道)라고 떠든다. '번뇌즉보리(煩惱卽菩提)'라는 말은 번뇌를 일으키는 자리가 곧 깨달음으로 나아가는 자리라는 뜻이다. 어리석으면 마음에 번뇌만 일으키고 있지만 수행을 해서 지혜가 열린 사람은 그 마음으로 깨달음을 이룬다는 뜻이다.

깨달음을 체득하는 경우, 어떤 이는 단번에 깨닫지만 어떤 이는 설명을 들을수록 의심하고 멀어지는 경우가 있다. 단번에 깨닫는 사람을 흔히 천재라거나 하늘이 낸 인재라거나 최상근기(最

上根機)라고 한다. 하지만 이들도 금생의 엄청난 노력의 결과로 그런 일이 생기는 것이며, 불교적으로는 다생의 수행력을 갖춘 것이라고 할 수 있다. 왜냐하면 사람의 본성에는 차별이 없어서, 처음부터 특출한 사람과 평범한 사람이 정해져 있는 것은 아니기 때문이다. 금광석에 있는 금이나 순금이나 동일하다. 그러나 금광석과 순금이 동일한 것이 아니다. 순금은 곧바로 돈과 교환이 되지만 금광석은 용광로를 거쳐서 순금을 추출한 이후라야 돈과 교환이 가능하다.

2조 혜가대사나 3조 승찬대사가 스승의 한 말씀에 의심에서 벗어나 깨달음에 이르지만 그들도 엄청난 고난의 삶을 산 이후에 그 경지에 가 있었던 것이다. 그러니 자질이 뛰어나다고 자만해서도 안 되고, 자질이 낮다고 실망할 것도 없다.

선지식의 입장에서 보면 근본적으로는 모두 평등하지만 현상적으로는 눈앞의 사람이 상중하 어느 지점에 있는지를 분명히 안다. 그러니 선지식을 대함에 믿음(信)이 확고해야 완전히 선지식을 이해할 수 있고(解), 이어 선지식의 가르침대로 실천하여(行) 깨달음에 이를 수 있는 (證) 것이다.

중국 삼조사 비석에 모셔져 있는 삼조 승찬 대사 진영.
이 모습을 보면 삼조 대사의 경지를 짐작할 수 있을까?

단 자 회 중 해 구 의
但自懷中解垢衣언정

수 능 향 외 과 정 진
誰能向外誇精進가

다만 스스로 마음속 때 묻은 옷 벗을지언정

누가 밖을 향해 자신의 정진을 자랑할 것인가

송강 해설

수행생활을 오래하다 보니 별별 사람을 다 만났다. 어떤 사람은 불교의 수많은 단체의 장을 역임했다는 명함으로 자신을 드러내기도 하고, 수많은 스님을 아는 것으로 자신의 경지가 높다고 은근히 자랑하기도 한다. 스님들도 현재 자기가 맡은 소임이 많다는 것으로 자신의 도가 높은 것처럼 착각하기도 하고, 어떤 학자들은 박사학위를 가지고 자신이 불교전문가라고 착각하기도 한다.

예전 불교방송에서 신행상담을 진행했을 때, 참으로 많은 사람들이 자신이 하루에 몇 가지의 경전을 독송하는지를 열거하면서 부족한 점이 없느냐고 묻기도 했고, 또 어떤 이는 교학에서 다루는 전문적인 용어를 열거하면서 자신이 또 어떤 공부를 해야 하는지를 묻기도 했다. 모두가 자랑하고 싶은 마음이다.

위의 모든 것들이 따지고 보면 망상이거나 아니면 착각이다. 몸에 병이 깊은 사람이 짙은 화장을 하고 좋은 옷을 입는다고 건강해지는 것이 아니다. 병을 고칠 노력을 해야 하는 것이다. 병을 고치는 노력은 남에게 자랑하기 위해서 하는 것이 아니라 자신의 건강을 회복하기 위함이다.

부처님의 가르침은 마음의 건강을 회복하는 방법들이다. 괴로움으로부터 자유로워지는 것을 목표로 시작된 종교가 불교이기 때문이다. 괴로움은 오로지 마음의 작용인데, 자신의 병적인 마음은 그대로 둔 채 수단과 방법 등으로 포장한다고 해탈하겠는가. 그러므로 마음속 때 묻은 옷인 번뇌를 벗어버리려고 노력해야지 외형적인 노력을 자랑할 것이 없는 것이다.

팔만대장경을 다 봤으나 해탈하지 못했다면 자랑하지 말라. 삼천 배를 삼십 년간 했어도 해탈하지 못했다면 자랑하지 말라. 염불을 일만 일 동안 했더라도 해탈하지 못했다면 자랑하지 말라. 좌선을 삼십 년 동안 했더라도 해탈하지 못했다면 자랑하지 말라.

하긴 이미 해탈한 사람이라면 그런 것을 자랑할 리가 있겠는가!

파키스탄 라호르박물관에 모셔져 있는 고타마 싯다르타의 고행상(간다라 시대 조성). 최고의 수행을 보여주었으나 성불한 것은 아니었다. 그래서 이때까지는 부처가 아니다.

종 타 방 임 타 비
從他謗 任他非하라

파 화 소 천 도 자 피
把火燒天徒自疲로다

남의 비방 버려두고 남의 힐뜯음 맡겨 두라

불로 하늘 태우려니 공연히 자신만 피로하리

송강 해설

해발 8천 미터의 고봉은 말할 것도 없지만 오천 미터만 넘어도 이미 일반 산과는 완전히 다르다. 그러므로 한라산이나 지리산 오른 경험으로 오천 미터 이상 높이의 산을 오르는 것을 평가하려고 하면 완전히 어긋난다. 그건 오직 경험한 사람만이 아는 것이지 짐작으로는 되지 않는다.

겨울 눈밭에 죽은 사람을 보면서 '어떻게 저 추운 곳에서 누워 죽었지?'하고 의아해하는 사람들을 본 적이 있다. 그런데 정작 죽은 사람의 마지막 순간은 너무나 자고 싶어서 편안하게 잠들어 버린 것이다. 그건 내가 저체온 현상으로 잠들기 바로 직전까지 가 봐서 안다. 그때 사투를 벌이지 않았다면 나는 바로 죽었을 것이다.

체온이 정상에서 몇 도 떨어진 저체온증이 오면 오직 잠만 쏟아진다. 그땐 얼음 위라도 그냥 잠 들어버리기에, 잠이 곧 죽음이 되는 것이다.

현상적인 경우도 경험이 없으면 짐작하기도 어려운데, 정신적인 경지는 짐작 자체가 불가능하다. 그래서 거짓말을 한다며 비방을 한다. 그런데 문제는 그 경지를 객관화시켜서 남에게 보여줄 수가 없다는 것이다. 하루 종일 쉬지 않고 다른 사람보다 몇 배로 일하면서 마음은 한가롭다고 말하면 '그것이 어찌 가능하냐?'며 허풍이라고 하는 것이다. 그럴 경우는 그냥 웃고 말아야 한다. 또 일반인이 볼 수 없는 다른 차원의 현상을 봤을 때 다른 사람들에게 설명해도 의심부터 한다.

아무리 자신을 살펴봐도 온통 망상밖에 없고 세상이 고통스러운 사람에게, 자신에게 가장 귀하고 빛나는 보물인 마니주(여의주)가 있다 하고 그 마니주를 찾으면 언제나 자유롭고 행복하다고 설명하면 그가 믿겠는가. 자신을 불교에 끌어들이려고 꾸며서 얘기한다고 오히려 비난을 할 것이다. 실제로 불교 책 몇 권 읽고 잘못 이해한 이들 가운데 선지식의 법문을 두고 비방하는 것을 무수히 봐 왔다. 만약 그가 공부할 자세가 된 사람이라면 그 잘못을 지적하고 바른 길로 인도해야겠지만, 비방을 목적으로 떠드는 사람은 그냥 무시하는 것이 좋다. 그가 저지르는 잘못은 인과법으로 자신이 받을 것이기 때문이다.

하늘은 비어 있다. 이미 비어 있는 것을 불로 태우려 한다고 태워지겠는가. 자칫 자신만 화상을 입게 될 것이다. 개화사 창건 때 온갖 말로 개화사를 비방하는 이들이 있었다. 상대를 하지 않고 두었더니 몇 년 뒤에 진실을 알게 된 아파트 주민들이 그들을 쫓아내버렸다. 참 안타까운 일이었다.

부처님께서도 깨달음 직후에는 여러 차례 무시를 당했으며, 45년의 교화생활에서 비방 또한 많이 받으셨다. 하지만 부처님의 허물 없음은 곧 드러나고 그들의 계략은 수포로 돌아갔다.

깨달음의 경지는 비방과 비난에 영향을 받지 않지만, 비방 비난한 사람들은 그 순간에도 편치 않거니와 뒷날의 과보 또한 만만치 않다.

히말라야 고봉정상은 일반인들의 발길이 미치기 어렵
다.

아 문 흡 사 음 감 로
我聞恰似飮甘露하야

소 융 돈 입 부 사 의
銷融頓入不思議로다

비방 비난 들어도 감로수 마시는 듯하여

다 녹아 문득 부사의 경계에 들어가도다

송강 해설

수행생활을 하면 아무도 방해를 하지 않을 것이라고 생각하는 이들이 매우 많다. 하지만 그것은 정반대로 생각한 것이다. 세상 사람들 시류를 따르듯 살아가면 오히려 현상적으로는 장애가 줄어든다. 대부분이 동질감 같은 것을 느끼므로 서로 은근히 위해 주는 분위기가 만들어지는 것이다. 흔히 유유상종(類類相從)이라고 하는 것이 이렇게 만들어지는 것이다. 왕따라고 하는 것은 누군가가 자기들과 다르다고 느끼기에 따돌림을 하는 것이다. 예컨대 나쁜 짓을 하는 무리가 있는데, 그중 한 사람이 잘못된 일이라고 계속 주장하면 그를 따돌리거나 괴롭히는 것이다.

수행한다는 것은 중생이기를 거부한다는 말이다. 흔히 불교개혁을 말하지만, 불교는 처음부터 중생을 고쳐 부처를 만드는 개혁이다. 별 것 아닌 제도나 고치는 것을 불교에서는 개혁이라고 하지 않는다. 중생을 고쳐 부처를 만드는 것, 다시 말해 늘 괴로워하는 처지에서 항상 자유롭고 즐거운 해탈의 경지로 도약해 버리는 것을 불교의 개혁이라고 하는 것이다. 각자가 이 개혁의 주인공이 되는 것이고, 그 혜택 또한 각자의 것이 된다. 물론 해탈한 사람 곁에 있으면 간접적으로 큰 도움을 받기는 한다.

이미 해탈한 사람의 경우에는 세상 사람들의 귀천(貴賤)이라거나 명예와 굴욕 따위가 봄날의 아지랑이 같은 것이다. 그러니 신경을 쓰지 않는다. 누군가 비방과 비난을 하면 오히려 그 사람을 측은하게 생각하여 말리지만 끝끝내 그렇게 하면 상대를 하지 않고 내버려 두는 것이다. 하물며 수행하여 깨달아 해탈한다는 것을 믿지 않고 비방하거나 헐뜯는다고 해서 그것에 영향을 받겠는가. 비방하고 헐뜯는 사람은 오히려 분노에 빠져 있는 것이지만, 해탈한 사람은 이미 감로수를 마신 듯한 시원한 경지에 노니는 것이다.

청정한 자성이 번뇌와 망상에 뒤덮여 있을 때에는 마치 돌 속에 섞여 있는 금과 같아서 빛나지도 않고 돌처럼 느껴지지만, 수행 정진하여 깨달으면 금광석이 용광로를 통과하여 순금이 되듯이 괴로움은 다 녹아버리고 자유와 기쁨만이 남는 불가사의 경지가 되는 것이다.

어리석은 사람은 이런 말을 들으면 비방과 비난을 일삼으며 분노와 괴로움 속으로 깊이 들어가지만, 지혜로운 사람은 용맹스레 정진하여 깨달아 해탈한다. 해탈의 경지는 생각으로 미칠 수 없다. 그러므로 불가사의한 경지라고 한다.

91세(2018년)의 보광심 보살님께서 사시불공을 마친 뒤 오후에도 혼자 법당에서 부처님과 마주하고 있다. 두려움 따위는 찾아볼 수 없다.

－ 2018년 여름 촬영.

관 악 언 시 공 덕
觀惡言 是功德이니

차 즉 성 오 선 지 식
此則成吾善知識이라

나쁜 말을 관찰함이 바로 공덕이니

이 사람이 곧 나의 선지식이 됨이라

송강 해설

　수행생활을 마치 신선 생활하듯이 깊은 산에서 세상을 등지고 홀로 유유자적하는 것인 줄로 아는 이들도 있다. 또 수행이라고 하면 마치 어떤 비법이 있어서 그것을 전수받으면 도를 통하는 것인 줄로 아는 이들도 있다.

　수행은 곧 우리의 삶이다. 그 삶이 자기 생각대로 되면 자기 뜻이 그른지 옳은지도 모르고 마음대로 해 버린다. 하지만 거슬리는 일이 생기면 자기의 현재 마음이 어느 상태인지를 훨씬 알기 쉽다. 예컨대 자기의 뜻을 따르지 않는 사람이 나타나 사사건건 방해를 하면 그 사람이 미워져서 화를 낼 수 있는데, 이는 곧 자기 마음에 진심(瞋心)이 있다는 반증이다.

　이런 경우 지혜로운 사람은 곧 자기의 생각이

정말 옳은지를 살펴보고 상대의 반대가 더 정당한지를 살피게 된다. 만약 그가 정말로 옳지 않다면 이해시키려 노력할 것이고, 그럼에도 계속 반대만 한다면 버려두고 홀로 그 일에 집중할 것이다. 만약 자기가 잘못 생각했고 상대가 옳다면 즉시에 자기의 뜻을 거두고 상대의 뜻을 서슴없이 받아들인다.

반대로 어리석은 사람은 자신의 뜻이 옳은지를 살피지 않고 상대를 미워하는 마음만 일으킨다. 이런 사람은 점차 도(道)로부터 더욱더 멀어진다.

어리석은 사람은 비록 옳은 얘기를 들어도 따르지 않고, 선지식과 함께 있어도 자기의 마음을 살피는 계기로 삼지 않는다. 오히려 옳은 얘기를 비방하고 선지식을 미워하여 자신의 악업만 키운다.

반대로 공부하는 사람은 어떤 경계를 만나더라도 그것을 공부의 계기로 삼는다. 나쁜 말을 하는 사람을 만날지라도 그것을 관조해서 지혜롭게 처리한다면 그도 또한 공덕이 되는 것이다. 그러므로 나쁜 말을 하는 삶까지도 수행자에게는 선지식이 되는 것이다.

데바닷따(devadatta)가 부처님을 해칠 목적으로 술에 취
한 코끼리를 풀었으나 부처님께서 코끼리를 안정시키시
는 장면. 법화경에서는 데바닷따를 전생의 스승으로 묘
사했다.

불 인 산 방 기 원 친
不因訕謗起怨親하면

하 표 무 생 자 인 력
何表無生慈忍力가

비방으로 원한과 친함 일으킴 말미암지 않

으면

깨달음의 자비와 인욕의 힘을 어찌 드러내

리오

송강 해설

　세상을 두고 괴로움의 바다니 하는 것은 각자가 그 괴로움을 만들고 있다는 뜻이다. 세상은 괴로운 곳도 즐거운 곳도 아니다. 그냥 세상이다. 그러나 한 생각 분별을 일으키는 순간 괴로움과 즐거움이 생긴다.

　엄청난 인파가 있는 곳을 가더라도 자기 마음에 분별이 없으면 원수도 친구도 아닌 그냥 사람들이다. 아무런 일도 일어나지 않는 상황 속에서는 좋은 사람도 나쁜 사람도 없다. 사실은 없는 것이 아니라 드러나지 않는 것이다.

　하지만 어떤 상황이 벌어지면 각자의 마음 상태가 그대로 드러나 버린다. 어떤 사람은 긴급한 상황 속에서도 차분하게 바른 길을 찾아가고, 어떤 사람은 당황하여 더욱더 나쁜 상황을 만들어

버린다.

자기 자신도 세상을 대하면서 온갖 분별을 일으키지만, 세상 사람들도 자신을 가만두지 않는다. 모든 것은 서로 관계성을 갖게 되어 있는 것이다. 그 관계를 어떻게 하느냐에 따라 괴로움과 즐거움이 생긴다. 모든 관계를 긍정적으로 풀어가는 이는 대체로 편안할 것이고, 부정적으로 대하는 이는 편치 않은 일이 많을 것이다. 또 기준 자체가 객관적이 아니라 각자의 주관에 의하기 때문에 사람마다 천차만별의 차이를 보인다.

자비심과 인욕은 왜 필요할까? 마치 상대를 위해서나 세상을 위해서 필요한 듯이 인식되지만, 사실은 자신을 위함이 우선이다. 왜냐하면 자비심과 포용력은 자신을 무한히 자유롭고 편안하게 해주기 때문이다. 자비심이 없고 포용하는 능력이 없으면 사사건건 부딪치고 갈등을 일으키게 되는데, 그럴 경우 가장 괴로운 이는 자기 자신이다.

갈등이 생기면 당사자가 수행이 되었는지 아닌지 금방 알게 된다. 만약 수행이 되었다면 부드럽고 현명하게 수습해 나갈 것이고, 수행이 되지 않았다면 더욱 갈등을 키워서 자신도 주변도 힘들게 만들어버린다. 그러므로 도(道)는 번다한 이론이 아니라 관계 속에서 보다 분명해지는 것이다. 특히 거스르는 상황 속에서 자비도 인욕(포용)도 빛을 발하는 것이다.

상트페테르부르크의 러시아정교회에 있는 사람들. 이들
은 착할까 악할까? 어떤 특별한 상황이 일어나기 전에
는 알기 어려울 것이다.

— 2017년 6월 19일 촬영.

종 역 통 설 역 통
宗亦通 說亦通이여

정 혜 원 명 불 체 공
定慧圓明不滯空이로다

근본자리도 깨달아 통하고 설법 또한 능함
이여

선정과 지혜 원만히 밝아서 공에 머물지 않
도다

송강 해설

불교는 깨달음의 종교이다. 깨달음의 당체를 자성(自性)이라고 하건 진여(眞如)라 하건 그 근본자리를 모르고 이론만 외워 지식으로 습득하는 것은 불교가 아니다. 이 깨달음은 스스로 체득하는 것이지 부처님이나 큰스님들의 깨달음에 대한 설명을 외워 옮긴다고 되는 것이 아니다. 오히려 그것은 자신과 남을 동시에 속이는 행위이다. 깨닫지 못한 분상에서 타인에 대한 잘잘못을 가리려는 것도 분수 밖의 일이고, 자신의 수행은 없으면서 종단의 옳고 그름을 논하는 것도 어리석은 짓이다. 결국 그런 일로 시간 낭비하고 고통받는 이도 자신이고, 또 다른 괴로움을 만들어 받는 이도 자신이다.

싯다르타는 출가 전에 이미 당대 최고의 학자

들로부터 온갖 학문을 다 습득하신 천재였다. 하지만 그 최고의 지식으로도 자신의 괴로움을 해결할 수 없었다. 그래서 출가해 당시의 주된 수행법을 두루 체험하였다. 하지만 그 수행법은 해탈을 장애하는 업(業)을 객관화해두고 그 업을 소멸시키려는 수행이었다. 6년에 걸친 고행에도 깨닫지 못한 싯다르타는 기존의 수행법을 버리고 방향을 전환했다. 고행을 버리고 건강을 회복한 뒤 보리수 아래로 자리를 옮겨 자성을 성찰하기 시작했다. 그 맑은 성찰이 최고조에 달한 순간 깨달아 부처님이 되셨다.

깨닫기만 하면 끝인가. 그렇지 않다. 세간해(世間解)라는 부처님의 별칭이 있듯이 세상사에 밝아야 하고 전달하는 능력을 갖춰야 한다. 부처님의 경우는 이미 이 능력을 갖춘 뒤 수행을 하셨기에 곧바로 중생제도에 나서실 수 있었다. 만약 그렇지 않다면 선지식이 되기 위한 능력을 갖춰야 한다. 역대의 모든 선지식들이 경론에 밝았고, 그 표현과 설득 등의 지도법이 탁월했음을 알 수 있다.

어리석은 사람들은 있음(有) 또는 존재(有)에 집착해서 있지도 않은 괴로움을 만든다. 그것을 깨트리기 위한 것이 공(空-무한 변이)에 대한 설명이다. 불교용어로서의 '무소유(無所有)'는 '영원히 존재하는 것(所有)이 없다(無)'는 뜻이지 '청빈하게 살라'는 뜻이 아니다. 불교는 윤리를 강요하지 않는다. 바른 이치를 말해줄 뿐이다. 무소유는 영원히 존재하는 것이 아무것도 없는데 왜 집착하느냐는 가르침이다. 그런데 어떤 이들은 이 공의 이치를 이해는 했는데, 완벽하게 깨닫지 못했기 때문에 원력과 정진력으로 나아가지 않는다. "모든 것이 공인데 뭐!"하면서 더

이상 원력(목표설정)도 세우지 않고 정진도 하지
않는다. 그래서 어찌 보면 세상을 포기한 채 제
멋대로 살면서 그것을 도(道)라고 착각하는 이들
이 있다.

도(道)와 하나가 된 사람은 어떤 경우라도 고
요함을 유지하고 지혜를 잃지 않는다. 이것이 정
혜원명(定慧圓明)이다.

싯다르타가 보리수에 이르러 길상(吉祥)이라는 청년으로부터 깔고 앉을 풀을 얻는 장면. 이 보리수 아래에서 깨달으셨다. 미얀마 인레호수 안에 있는 최대의 사원인 파웅도우 파야의 벽화.

비 단 아 금 독 달 료
非但我今獨達了라

항 사 제 불 체 개 동
恒沙諸佛體皆同이로다

단지 내가 이제 홀로 깨달을 뿐 아니라

항하사의 모든 부처님 근본 모두 같도다

송강 해설

　불교에서의 깨달음은 소유가 아니다. 어떤 개인이 갖는 특수한 비기(秘機)가 아니다. 깨달음은 보편적인 것이다. 혼자 깨달아 적멸 속에 머물러 버리는 이를 보살이라 하지 않고 부처라고 하지 않는다. 깨달음에 이른 사람은 자신의 깨달음을 인연 따라 넓히려고 노력한다. 그것을 전법(傳法) 또는 포교(布教)라고 한다. 왜 그 노력을 하는가? 다른 이들도 깨닫기 전의 자신처럼 거짓된 망상으로 인해 괴로움을 받고 있기 때문이다. 누구로부터 받는가? 자기 자신으로부터 받는다. 그것을 깨우쳐 줘야 하는 것이다. 본래의 자기 자신은 맑고 원만한 것이지만 잘못된 생각으로 등진 지가 오래이다 보니 괴로움을 당하는 것을 당연한 것처럼 생각해 버리는 것이다. 그래서 어리석은 꿈에서 깨어나도록 도와야 한다.

항사(恒沙)는 항하사(恒河沙)를 줄인 말인데 갠지스 강의 인도이름 강가(Gaṅgā)를 소리대로 항하(恒河)로 옮기고, 그 강의 모래를 항하사라고 하였다. 이 말을 사용하는 뜻은 셀 수 없이 많은 수라는 것이다.

항하사의 모든 부처님은 누구인가? 이 세상의 모든 중생이다. 왜 중생을 부처님이라고 하는가? 깨달은 이가 중생의 근본을 살피면 자신과 똑같기 때문이다. 그 똑같은 자리를 불성(佛性)이라고 한다. 그렇지만 엄격히 말하면 당래불(當來佛) 즉 미래의 부처이다. 다만 아직 수행을 완성하지 않아서 번뇌라는 허물이 뒤덮고 있기에 현재의 모양으로는 중생이라고 한다. 하지만 부처가 될 요건인 불성을 모두 갖추고 있기에, 번뇌를 깨어버리고 불성이 제 모습을 드러내면 즉

시에 부처가 되는 것이다.   하지만 수행하지 않고 번뇌에 뒤덮인 상태로 부처라고 착각해서는 안 된다. 그래서 모든 '부처님의 근본(諸佛體)' 즉 불성이 다 같다고 표현한 것이다.

깨달았다고 홀로 잘난 체할 것도 없거니와 깨닫지 못했다고 좌절할 것도 없다. 깨달은 선지식은 손을 내밀어 주고, 깨닫지 못한 이는 선지식의 인도를 받아 열심히 수행해 본래의 자리인 불성(佛性)으로 돌아가면 된다.

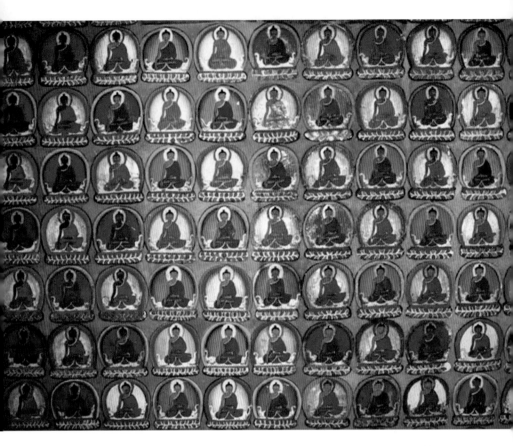

인도의 북부 라다크(Ladākh)의 알치 곰파(Alchi Gompa)의 당카(탱화)에는 수많은 부처님이 함께 있다. 깨달음은 혼자의 것이 아니다.

– 2006년 8월 22일 촬영.

사 자 후 무 외 설
獅子吼 無畏說이여

백 수 문 지 개 뇌 열
百獸聞之皆腦裂이라

향 상 분 파 실 각 위
香象奔波失却威요

천 룡 적 청 생 흔 열
天龍寂聽生欣悅이로다

깨달은 이의 설법 두려움 없는 말씀이여

중생들 그 말씀 듣고 모든 번뇌 부서지네

낮은 경지 사람은 분주히 내닫느라 위의 잃고

높은 경지 이른 이는 고요히 듣고 기쁨 내네

송강 해설

사자후(獅子吼)는 사자의 포효이다. 뭇 짐승 중에서 가장 강한 사자가 크게 포효를 하면 모든 짐승들이 두려워하여 꼼짝 못한다고 한다. 흔히 이 사자후는 부처님의 설법을 상징하는 말로 쓰인다. 부처님 이전까지 백 개가 넘는 학파들의 주장이 있었지만, 부처님의 깨달음 이후에는 대부분 빛을 잃고 조용해졌음을 뜻한다.

사자가 다른 짐승에 두려움을 갖지 않듯이, 부처님께서는 깨달음을 이루신 후로는 어떤 두려움도 없었다. 그래서 부처님의 말씀을 두려움 없는 말씀이라고 한다. 오히려 다른 이들의 두려움을 없애주신다고 하여 오른손을 들어 손바닥을 밖으로 내 보이는 손 모양을 시무외인(施無畏印 −중생의 두려움과 근심을 없애 주시는 모습)이라고도 하는 것이다.

깨달은 이의 두려움 없는 말씀을 들으면 뭇 짐승들의 뇌가 모두 부서진다고 했는데, 이는 어리석은 사람들이 깨달음의 말씀을 들었을 때의 상황을 상징적으로 말한 것이다. 여기서 '뭇 짐승들의 뇌'라고 한 것은 어리석은 사람들의 생각을 가리킨다. 어리석은 사람들은 자신의 생각 때문에 괴로워한다. 그런데 진심을 다해 깨달음의 말씀을 듣게 되면 자신의 생각이 얼마나 허망한지를 알게 되기에, 점차 그 허망한 생각을 버리게 되는 것이다.

그런데 묘한 일이 일어난다. 차라리 어리석은 이들은 자신의 어리석음을 빨리 알아차리고 전환을 하는데, 무언가 조금 알았다는 사람들은 자신이 도달한 낮은 경지를 고수하려고 한다. 그래서 '뭘 더 버리라는 것이냐?' 또는 '뭘 더 공부하라는 것이냐'며 온갖 엉터리 논리를 갖다 대느라 정신이 없다. 결국 그는 높은 경지로 올라가지 못하고 남을 비방이나 하는 '도깨비(공부가 되지 않았으면서 공부가 되었다고 착각하는 사람)'가 되고 마는 것이다.

그러나 이미 목숨을 건 수행을 하여 높은 경지에 도달한 이는 깨달은 이의 법문을 들으면 고요히 웃으며 기뻐하는 것이다. 어느 경지에 도달한 사람끼리 있으면 고요하고 즐겁다. 옳고 그름을 따질 것도 없고 잘남 못남을 비교하지도 않는다.

차의 고수끼리 앉아 시음을 하면 한번 고개를 끄덕이며 "음!"하고 감탄하면서 서로 보고 미소 지으면 다 통해버린다. 그 이후의 표현은 그저 확인 절차에 불과하다.

라오스 비엔티안에 있는 '호프라케오(Hoprakeo) 사원 (현재는 박물관)'에 모셔져 있는 불상. 두 손을 뻗어 시무 외인(施無畏印)을 보여주고 있다.

유 강 해 섭 산 천
遊江海 涉山川이여

심 사 방 도 위 참 선
尋師訪道爲叅禪이라

자 종 인 득 조 계 로
自從認得曹溪路요

요 지 생 사 불 상 관
了知生死不相關이로다

강과 바다를 건너고 산천을 돌아다니며

스승 찾아 도를 묻고 참선공부 애쓰다가

조계 혜능대사 만나 바른 길 알고부터는

생사가 나와 상관없음 분명히 알았도다

송강 해설

수행자가 깨달음에 이르기까지 쏟는 노력은 직접 해 보지 않은 사람은 상상하기 어렵다. 깨달음에 이르는 길을 가르쳐 줄 스승이 있는 곳이라면 아무리 험준한 곳이라도 목숨을 걸고 나아간다. 스승이 시키는 일이라면 나무하고 농사짓는 일 정도는 결코 힘든 일이 아니다. 그럴 기회가 주어진 그 자체만으로도 큰 기쁨으로 생각한다. 어디 그뿐이랴. 경전을 외우는 일이나 매일 삼천 배를 몇 년간 하는 일, 또는 난방도 안 된 겨울 법당에서 매일 열 몇 시간씩 염불을 하는 것까지 스승이 시키는 것이라면 절대 포기하지 않으며, 영하 15도의 냉방에서 수년간 대장경을 섭렵하는 일도 결코 마다하지 않는다. 이 정도 실천해 보지 않은 사람은 수행에 대해 아는

체 하지 않는 것이 좋다. 수행자에게 있어서 깨달음에 대한 희망은 어떤 고난도 극복하게 하는 기쁨이다.

대개 위와 같이 수행한 사람은 깨달음에 이른다. 물론 깨달았다는 얘기는 남에게 거의 하지 않는다. 그저 비슷한 경지에 이른 수행자끼리는 대개 서로 통한다. 하지만 깨닫지 못한 상태라면 아무리 고난도의 수행을 했다고 해도 해탈한 것이 아니다. 만약 석존께서 보리수 아래서 깨닫지 못하셨다면 6년의 고행은 그저 고생에 불과한 것으로 역사의 기록에도 남을 수 없는 것이다. 그러니 깨닫지 못한 사람은 출가자이건 재가자이건 스스로를 부끄러워하며 정진할 일이지, 남의 공부나 종단의 사건 따위로 왈가왈부하면서 시간 낭비할 여유가 없는 것이다.

『증도가』를 지으신 영가현각 대사도 그렇게 수

행하셨고, 조계산에 계셨던 6조 혜능대사를 만나 마침내 자신의 깨달음이 올바르다는 것을 확인하게 된다. 깨달음은 누가 주는 것이 아니다. 스스로 깨달은 후에 먼저 깨달은 분을 만나 그 깨달음을 확인하는 것이다.

깨달은 이를 확인할 수 있을까? 자신이 깨닫기 전에는 확인할 수 없다. 산 아래에서만 놀던 사람은 다른 사람이 산의 정상에 올랐는지를 모른다. 다만 짐작할 수 있는 징표는 무수히 많다. 예컨대 심하게 아파도 병에 대해 화를 내지 않거나 죽음에 대한 공포를 보이지 않으며, 큰 사건에 휘말리게 되어도 담담하게 잘 풀어가면서 슬기롭게 마무리를 짓는다면 이미 큰 고개를 넘어선 사람이다.

깨달은 이는 어떤 문제에도 괴로워하지 않는다. 다만 이치를 밝게 알고 흐름을 파악하고 있기에, 다른 사람들을 위해서 많은 걱정을 하지만 그 걱정이 괴로움으로 바뀌지는 않는다.

모든 일에 관여해도 괴롭지 않다면 공부가 되었고, 고요한 곳에 가만히 있어도 자기 마음에 괴로움이 있다면 공부가 안 되었다.

가장 험난한 생을 사셨지만 항상 편안한 미소를 보여주
시는 달라이라마 존자님 모습.
　- 2006년 8월 16일 다람살라 남걀사원에 있는 존자님
접견실에서 대화를 나누며 촬영.

괴로움이 없어야 깨달은 사람　227

행 역 선 좌 역 선
行亦禪 坐亦禪이니

어 묵 동 정 체 안 연
語默動靜體安然이라

종 우 봉 도 상 탄 탄
縱遇鋒刀常坦坦하고

가 요 독 약 야 한 한
假饒毒藥也閑閑이로다

돌아다녀도 참선이고 앉아있어도 참선이니

말, 침묵, 움직임, 고요함에 본체는 편안하다

비록 창칼을 만나더라도 언제나 태연하고

가령 독약을 마시더라도 또한 한가롭도다

송강 해설

수행자가 깨달음에 이르는 과정에는 반드시 선정(禪定)을 거친다. 선정에도 여러 가지가 있는데 대개 생각을 멈추고 감각을 죽이는 것을 선정이라고 생각하고 그렇게 되려고 한다. 하지만 그 선정은 부처님 이전부터 있었던 요가선정이라고 한다. 부처님께서는 이 요가선정의 대가였던 알라라 깔라마(Alārā-Kālāma)를 만나 무소유처정(無所有處定)에 이르지만 당신께서 생각하는 해탈이 아님을 확인하고는 그곳을 떠났다. 그리고는 다시 더 높은 경지라는 웃다까 라마풋따(Uddaka Rāmaputta)를 만나 비상비비상처정(非想非非想處定)에 이르지만 그도 역시 해탈이 아님을 확인하고는 떠나셨다.

불교에서 해탈과 지혜로 이어지는 선정은 어

떤 행위에 영향을 받는 것이 아니다. 물론 초보자는 말없이 앉아서 하는 좌선 등이 도움이 되기는 한다. 그러나 행주좌와어묵동정(行住坐臥語默動靜-돌아다니고 멈추고 앉고 눕고, 말하고 침묵하고 움직이고 멈추는 것. 즉 일체의 행위)의 다른 행위 속에서도 언제나 마음이 고요하고 편안해야 하는 것이 선정이다. 이와 같은 선정이라면 반드시 해탈에 이르고 지혜가 발현된다. 만약 선정이라고 여겼는데도 해탈하지 못하고 지혜가 발현되지 않는 것이라면 잘못된 선정을 닦은 것이다. 하지만 비록 바른 선정이라도 그 선정을 목적지처럼 생각하면 안 된다. 반드시 해탈로 나아가야 한다. 자신이 도달한 선정이 어느 경지인지를 명확히 알 수 없다면 보다 깊은(높은) 경지로 정진해가야 한다. 선정에도 깊고 얕음(높고 낮음)이 있기 때문이다.

바른 선정에 이른 사람은 세상사 풍파 속에서도 괴로워하지 않는다. 살다 보면 전쟁과도 같은 상황을 만나게도 된다. 끝없이 상대가 공격을 해오는 것이다. 하지만 선정에 이른 사람은 그 공격에 맞대응하여 파멸로 가지 않는다. 태연하게 그 상황을 맞아 슬기롭게 하나씩 풀어간다.

어떤 경우는 자신에게 독이 되는 줄을 뻔히 알면서도 그것을 삼켜야 할 때가 있다. 물론 그로 인해 큰 손해를 볼 수도 있고 생명을 잃을 수도 있지만, 상대를 원망하면서 저주하거나 등의 행위로 자신의 마음을 괴롭히지는 않는다. 오히려 그런 상대를 측은하게 여기면서 그 상황을 포용한다.

상식적인 차원에서 생각한다면 이렇게 할 사람은 없다. 하지만 수행자가 진정한 선정에 이르면 능히 이와 같은 일을 할 수 있게 된다. 그래서 수행은 지식으로 하는 것이 아니라는 것이다. 수행자의 경지는 밖으로 보이는 행위로만 나타나는 것이 아니다. 참된 경지는 보이지 않는 마음의 평정이다. 그래서 자신의 경지가 낮으면 도인이 옆에 있어도 모른다.

청소하는 수행자의 뒷모습이 고요하게 느껴진 장면.
   - 2013년 11월 12일 대만 불광사에서 촬영.

아 사 득 견 연 등 불
我師得見燃燈佛하고

다 겁 증 위 인 욕 선
多劫曾爲忍辱仙이나

기 회 생 기 회 사
幾廻生 幾廻死아

생 사 유 유 무 정 지
生死悠悠無定止로다

우리 스승님이 연등불을 뵈옵고는

많은 생을 인욕선인이 되셨으나

몇 번을 태어나고 몇 번을 죽었던가

생사윤회 아득하여 그침이 없었도다

송강 해설

　『본생담(本生譚-석가모니 전생의 얘기)』에 의하면 석가모니부처님께서 전생에 선혜(善慧)라는 수행자로 살 때에, 연등부처님을 친견하여 연꽃을 공양 올리고 또 길바닥 진펄을 머리카락으로 덮어 연등불께서 밟고 지나가시게 한 일이 있었다. 그 지극한 마음을 연등불께서 아시고는 몇 생을 지나 석가모니불이 될 것이라는 성불의 예언(授記)을 하셨다. 그 이후로 무수한 생을 지나 고타마 싯다르타로 태어나시어 수행 후 이윽고 보리수 아래서 성불하셨다.

　『본생담(本生譚)』에 의하면 연등부처님을 친견한 이후로 다겁생(多劫生)을 인욕선인으로 지내셨는데, 그 가운데 하나가 『금강경』에도 등장하는 가리왕(歌利王)과의 만남이다. 포악한 가리왕이 인욕선인을 시험한다면서 팔과 다리를 자르는 잔인한 행동을 하였음에도 인욕선인은 어떤 분노나 관념(相)을 일으키지 않았다는 내용이다. 그와 같은 인욕행을 오래 하셨기에 성불할 수 있었다는 내용이다.

사람들이 인욕선인의 얘기를 들으면 감탄할 수밖에 없다, 그래서 그와 같은 행을 최고로 여기게 되기도 한다. 그런데 만약 거기에 머물러 버렸다면 결국 성불(成佛)하지 못한 것이니, 완벽한 깨달음도 완벽한 해탈도 아닌 것이다. 그러므로 그 정도로는 수많은 생사를 되풀이하는 윤회를 멈추게 할 수는 없다. 불교는 오직 완벽한 깨달음으로 생사해탈하는 것이 목표이기 때문에, 중간의 수행이 아무리 빛난다고 해도 거기 머무르면 안 된다.

생사윤회의 괴로움을 벗어나 적멸에 이르신 모습. 인도
아잔타 석굴사원의 석가모니 열반상 부분.

자 종 돈 오 료 무 생
自從頓悟了無生이면

어 제 영 욕 하 우 희
於諸榮辱何憂喜아

입 심 산 주 란 야
入深山 住蘭若하니

잠 음 유 수 장 송 하
岑崟幽邃長松下요

우 유 정 좌 야 승 가
優遊靜坐野僧家하니

격 적 안 거 실 소 쇄
閴寂安居實蕭灑로다

문득 깨달음으로부터 무생의 도리 통달하면

모든 영화와 욕됨에 어찌 근심하고 기뻐하랴

깊은 산속에 들어가 고요한 곳에 머무르니

높은 산과 깊은 골짜기 낙락장송 아래요

한가로이 마을과 절집에 고요히 앉았으니

호젓하게 편히 거함 참으로 맑고 깨끗하다

송강 해설

깨달음이란 해탈한 경지이며 더 이상 괴로움이 생기지 않는 경지이다. 무생(無生)이란 열반의 다른 말이기도 하다. 남이 없으니(無生) 멸함도 없다(無滅). 그러니 항상 적멸이다.

거울에 어떤 영상이 비췄다가 사라졌다면 거울에 무엇이 만들어졌다가 사라진 것이 아니다. 거울 자체에는 그 무엇도 생기지 않았다. 생기지도 않았으니 없어졌다고 하는 것도 있을 수 없다. 생기지도 않고 없어지지도 않은 것을 두고 어찌 근심하거나 기뻐하겠는가. 사람의 인식으로 만들어진 영화라거나 욕됨이라는 것은 인연 따라 생겼다가 사라지는 거울의 영상과 같은 것이다. 만약 어떤 일로 근심하거나 기뻐한다면 아직 적멸의 경지에 서 있는 것이 아니다.

무생의 이치를 통달한 사람의 삶은 마치 깊은 산속에 들어가 고요한 곳에 머무르는 듯하다. 때로는 아득히 높기도 하고 때로는 그윽하게 깊기도 하며, 낙락장송 아래에서 바람소리 즐기기도 하는 것이다. 하지만 이러한 생활을 참으로 즐겨 보지 않은 사람이라면 그런 경지를 또 어찌 알겠는가.

깨달은 사람은 일부러 고요한 곳을 찾지 않는다. 그가 머무는 곳이 한가롭기 때문이다. 마을과 시장에 있어도 한가롭고 고요하며 절집에서 어떤 소임을 보더라도 또한 고요하고 한가롭다. 어떤 곳에 있어도 항상 호젓하고 편안하니, 그의 삶 자체가 맑고 깨끗한 것이다. 남들이 부러워할 자리에 있어도 그저 맑고 깨끗하며, 남들이 안타까워할 험한 상황 속에 있어도 그는 오히려 맑고 고요하다.

남이 없음(無生)을 통달한 사람은 어디 있어도 고요하고
맑다. - 수안 스님의 달마도 - 개화사 소장.

각 즉 료 불 시 공
覺卽了 不施功이니

일 체 유 위 법 부 동
一切有爲法不同이로다

깨달으면 곧 끝남이라 공력을 베풀지 않나니

일체의 조작되는 존재들과는 같지 않도다

송강 해설

불교 특히 선(禪)에서 말하는 깨달음은 번뇌로부터 완전히 해탈하여 진리를 깨달았다는 표현으로, 우리가 일상에서 흔히 말하는 깨달음 즉 '알아차림'과는 완전히 다른 말이다. 일상에서 워낙 깨달았다는 표현을 많이 사용하기 때문에 선사(禪師)들의 말씀을 기록한 선어록(禪語錄)이나 불경(佛經)에서 말한 대각(大覺) 또는 원각(圓覺)이라는 용어에서 보이는 깨달음과 같거나 비슷할 것이라고 착각하는 이들이 많다. 견문각지(見聞覺知)라는 용어를 해석하면서도 똑같은 잘못을 범하는 경우가 있다. 견문각지(見聞覺知)에서 견(見)은 눈의 인식(眼識), 문(聞)은 귀의 인식(耳識), 각(覺)은 코와 입과 살갗(신체)의 인식, 지(知)는 의식(意識)으로 육식

작용을 가리키는 말이다. 그러므로 각지(覺知)는 '깨달아 안다'는 뜻이 아니라 '느끼고 알아차리다'의 뜻이다. 알아차림이란 바르게 인지한다는 말이지 깨달음을 뜻하는 것이 아니다. 알아차림과 깨달음의 차이는 산의 초입과 산의 정상처럼 다르다. 알아차림이 늘 정신을 챙겨야 하는 것이라면 깨달음은 모든 것이 저절로 비춰지는 경지이다.

'깨달으면 곧 끝남이라 공을 베풀지 않는다'고 표현한 것은 끝없이 정신을 챙겨서 보려고 하는 것이 아니라, 모든 장애가 사라져서 환하게 드러난 경지이며 저절로 비춰지는 경지라는 뜻이다. 이 경지에 이른 사람은 밖에서 지혜를 구하는 것이 아니다. 유명한 사람들을 찾아다니며 해결책을 구하지도 않고 백과사전을 뒤적이며 자신의 삶을 설계하지도 않는다. 그래서 조작되

는 것으로 이뤄지는 모든 것 즉 유위법(有爲法)
과 다르다고 했다.

인도의 화가(대학교수)가 그린 부처님.
— 개화사 설법전 소장.

주 상 보 시 생 천 복
住相布施生天福이나

유 여 앙 전 사 허 공
猶如仰箭射虛空이라

세 력 진 전 환 추
勢力盡 箭還墜하니

초 득 래 생 불 여 의
招得來生不如意로다

관념에 집착하는 베풂은 천상에 나는 복이나

오히려 우러러 허공에 화살을 쏜 것과 같도다

세력이 다하면 화살은 다시 떨어지나니

오는 세상엔 뜻과 같지 않은 일이 생기리라

송강 해설

　근래에는 불교의 수행자 가운데 깨달음이 중요한 것이 아니라 타인을 위한 삶이 더 중요하다고 하는 이들이 있다. 그건 불교의 가르침이 아니다. 타인을 위한 삶도 깨닫기 위한 수행으로서 중요한 것이다. 만약 타인을 위한 삶이 수행으로서가 아니라면 그냥 세속의 베풂일 뿐이다. 명예나 인기를 얻기 위한 것이고, 아니면 복을 짓기 위한 것일 뿐이라는 뜻이다.

　비록 베풂(보시)이라 해도 깨달음으로 나아가는 것이라면 해탈에 이르지만, 만약 선행을 위한 베풂(관념에 집착한 보시)이라면 하늘에 태어나는 복이 된다. 한 생은 복이 많아서 천상의 삶을 즐긴다고 하지만, 복이 다하면 다시 아래 세상으로 내려와야 할 것이니 끝없는 윤회의 길일 뿐이다. 또 명예를 얻거나 존경을 받거나 한다지만, 혜택을 받지 못한 사람들로부터는 그것도 불가능하니 결국 괴로움의 요인을 완전히 제거하는 방법은 아니다.

부자가 되거나 명예를 얻거나 존경을 받으면 괴로움으로부터 해탈할 수 있을까? 부자도 괴로움이 있고 존경받는 이들도 각자의 괴로움이 있다. 높은 지위에 있는 이들은 더 괴로움이 많은 것처럼 보인다. 설령 일시적으로 즐겁다고 하더라도 그런 것은 인위적으로 만들어진 것인지라 끝날 때가 반드시 있는 것이다.

깨달음은 해탈이니 완전히 자유로워진 경지이다. 그런 자유는 타인이나 사회에 의해 주어진 것이 아니므로 결코 없어지는 것이 아니고, 또 누군가 뺏을 수도 없는 것이다. 그러므로 깨달은 사람은 인연 따라 베풀기도 하고 포용하기도 하면서 오직 자유자재한 삶을 사는 것이다.

인도 부자들의 결혼식은 화려하다. 심지어 호텔을 빌려
며칠씩 하기도 한다. 이때 신랑신부는 마치 왕과 왕비처
럼 대접받지만, 결혼식이 끝나면 일상으로 돌아와야 한
다.

        – 2009년 12월 9일 인도 바라나시 게트웨이호텔의
결혼식에서 촬영.

쟁사무위실상문
爭似無爲實相門에

일초직입여래지
一超直入如來地아

단득본 막수말
但得本 莫愁末이니

여정유리함보월
如淨瑠璃含寶月이로다

어찌 조작하지 않고 본성을 보는 수행법으로

한 번 뛰어 여래의 경지에 들어감과 같겠는가

다만 근본을 얻고 사소한 것은 근심치 말지니

깨끗한 유리가 보배 달을 머금은 것 같도다

송강 해설

앞에서 관념에 집착하는 보시(住相布施)의 결과를 밝혔다. 그것으로는 깨닫지 못하므로 생사윤회에서 해탈하지 못한다는 것이었다. 그러니 본래 자기 안에 있는 본성을 보아 깨달아야 한다는 가르침(無爲實相門)에 따라 곧바로 그 본성을 보고(見性) 부처님의 경지(如來地)에 들어가는 것과 같겠느냐고 일깨우는 것이다.

큰 산의 초입만을 부분적으로 둘러본 사람들끼리 모이면 다툼이 생긴다. 그 산을 설명하는 데 의견이 일치하지 않기 때문이다. 자신이 본 것이 그 산의 극히 일부일 뿐이기에 다른 사람이 다른 곳을 설명하면 틀렸다고 하는 것이다. 만약 누군가가 그 산의 정상에 도달해서 동서사방을 다 본 이가 있다면, 게다가 동서사방의 등

산로를 모두 다녀보기까지 했다면 다툴 것이 없을 것이다. 상대가 말하는 곳이 어느 지점인지를 환하게 알기 때문이다.

서로 다른 방법으로 불교를 공부하고 수행하는 사람들끼리 모여도 다툼이 일어난다. 겨우 깨달음이라는 큰 산의 초입에 이르렀고 그나마 남으로부터 들은 정보(지식, 교리)일 뿐이기 때문이다. 그러므로 보고 들은 것이 서로 달라서 다투게 되는 것이다. 그러나 깨달은 사람이 그들의 얘기를 들으면 그들과 다툴 것이 없다. 상대의 경지가 어느 정도에 이른 것인지를 그냥 알 수 있기 때문이다. 물론 그렇다고 상대가 다 수긍하는 것은 아니다. 자기가 본 것만 믿기 때문이다. 그렇기 때문에 깨달음의 정상에서 본 것을 말해주기보다는 그 정상으로 나아가는 길을 가르쳐 주려고 노력하는 것이다.

마음 공부하는 사람은 깨닫는 것에만 주력하면 된다. 그 이후의 문제는 걱정하지 않아도 다 해결된다. 본성을 보고 지혜를 자유자재하게 쓸 수 있게 되면, 그것은 마치 맑은 유리가 보배 달을 환하게 머금은 것 같아서 모든 것이 분명해지는 것이다. 그렇게만 된다면 이전에 자신이 고민했던 일들이 얼마나 사소한 것인지를 알게 된다. 물론 해결하는 방법도 분명해진다.

부처님께서 중생 곁으로 다가가시는 모습. 하지만 모함
과 비난도 많이 받으셨다. 인도 국립박물관에 소장.

― 2006년 10월 촬영.

아 금 해 차 여 의 주
我今解此如意珠하니

기 능 해 차 여 의 주
〈**旣能解此如意珠**로 된 책도 있음〉

자 리 이 타 종 불 갈
自利利他終不竭이라

강 월 조 송 풍 취
江月照 松風吹여

영 야 청 소 하 소 위
永夜淸霄何所爲아

내 이제 이 여의주 보배구슬을 알았으니

〈이미 능히 이 여의주 보배구슬 알았으니〉

자신과 남을 이롭게 함 마침내 다함없도다

강에는 달 비치고 소나무에 바람 붊이여

기나긴 밤 맑은 하늘 무슨 할 일 있으랴

송강 해설

여의주(如意珠)는 '무엇이든지 마음대로 할 수 있는 구슬'이라는 뜻인데, 이것은 우리의 진여자성(眞如自性) 즉 때 묻지 않은 청정한 본성을 가리킨다. '내가 이제 이 여의주를 알았다'고 한 것은 한 치의 의심도 없이 완전히 깨달았다는 뜻이다. 여의주의 뜻을 이해했다는 정도의 경지가 아니라, 그 여의주와 하나가 된 경지이다. 불교는 이해로 끝나는 종교가 아니다. 이해한다는 것은 자기 밖의 대상이다. 비록 '자기의 마음을 이해했다'고 하더라도 그 마음이 또 다른 대상이 되어 있는 정도의 낮은 경지임을 알아야 한다. 인식하는 마음이 대상인 마음을 이해한 것은 자기 마음의 주인이 된 것이 아니다. 그렇기 때문에 자기 마음을 자기 마음대로 못한다는 경우가 되고 마는 것이다. 주체인 마음과 객체인 마음이 다 공하여 하나가 되어야 하는데, 그러기 위해서 수행을 하는 것이다. 본래 공하지만 먼지를 일으켜 자욱하게 무언가 가득한 듯 보이게 만들어 버렸기 때문이다. 이 먼지를 걷어내는 것이 수행이다.

자기 마음을 자기 마음대로 할 수 있을 때가 바로 여의주를 얻은 경지이다. 이 여의주를 얻어서(깨달아) 완전히 아는 경지(자유자재로 쓰는 경지)에 이르면 자신도 해탈하고 남들도 해탈시킬 수 있다. 한계가 있는 도구가 아니기에 아무리 써도 고갈되지 않는 것이 본성으로부터 비롯되는 지혜이다. 지식이 물탱크의 물이라면 지혜는 오래된 샘이다. 물탱크는 아무리 커도 물을 사용하면 줄어들고 끝날 때가 있지만, 끝없이 솟는 샘은 아무리 써도 그 물이 줄어들거나 끝나는 것이 아니다.

깨달은 사람의 경지는 어떠할까? 강에는 밝은 달이 비치고 소나무엔 시원한 바람이 분다. 마음에 먹구름도 안개도 다 걷힌 밝은 경지라면 걸릴 것이 없다. 그런 경지에 이른 사람은 마음은 언제나 자유자재하다. 달은 밝아서 물마다 나타나고 바람은 시원하여 막힘없이 통한다.

어리석은 사람들은 잠 못 이루는 밤이 괴롭다느니 슬프다느니 난리지만, 지혜로운 사람은 할 일을 다 마친 맑은 삶인지라(기나긴 밤 맑은 하늘) 억지로 무엇을 할 것이 남아 있질 않은 것이다. 일반 사람의 눈에는 깨달은 사람도 무언가를 계속 하는 듯이 보인다. 자기 생각으로 그렇게 보는 것이다. 하지만 정작 깨달은 사람의 마음은 아무것도 하지 않는다. 본디 본분자리에서는 할 일이 없기 때문이다.

하늘은 맑고 바람은 시원하다.
 – 라다크(Ladākh)의 수도였던 레(Leh)의 한 사원에서
2006년 8월 21일 촬영.

불 성 계 주 심 지 인
佛性戒珠心地印이요

무 로 운 하 체 상 의
霧露雲霞體上衣로다

부처성품과 계의 구슬은 마음 땅 도장이요

안개 이슬 구름 노을은 본체 위의 옷이로다

송강 해설

부처의 성품(佛性)과 계의 구슬(戒珠)이라는 것은 같은 것을 가리키는 다른 이름이다. 부처의 성품이란 깨달으신 부처님의 성품과 똑같은 성품자리가 모든 중생에게 이미 갖춰져 있다는 뜻인데, 이 부처성품이 있기 때문에 누구나 수행하면 깨달아 부처가 될 수 있다는 것이다. 그래서 불교는 바깥을 향해 무언가를 얻으려는 종교가 아니라 자신의 마음 안으로 들어가는 종교이다.

마음은 장난꾸러기 같다. 마음의 기능인 인식작용은 기회만 있으면 밖으로 나가 쓸데없는 것들을 따라다니며 자기 안으로 끌어들인다. 그래서 온갖 허물을 만들고 그로 인해 괴로움을 만든다. 괴로움을 느낄 때는 이미 밖으로부터 마음 안으로 들어와 얽혀버린 상태이다. 우리 인식작용의 특징이 그렇다. 이 인식작용이 지혜로 비춰보는 경지가 되면 괴로움이 없이 모든 것을 살필 수 있으니 큰 장점이다. 하지만 갈래 치고(분별하고) 매달리는(집착하는) 결함이 있으니 대개의 사람들은 지혜의 장점을 활용하지 못한다. 그래서 마음을 관리하는 방법을 구체화시킨 것이 계(戒)라는 수단이다. 이 계(戒)를 잘 지켜 마음에 괴로움이 없는 상태가 되면 청정한 자성 상태로 돌아간 것인데, 그 청정자성을 계의 구슬(戒珠)이라고 한다.

부처성품(佛性)과 계의 구슬(戒珠)이 마음 땅의 도장(心地印)이라는 것은 우리의 마음에 본래부터 분명하게 있었다는 뜻이다. 이 또한 바깥에서 구하는 것이 아니라 자기 안에 있는 것을 깨닫는 것이다.

부처성품(佛性)과 계의 구슬(戒珠)이라는 말을 들으면 대개 굳어진 관념으로 받아들여서 가만히 있는 것처럼 생각한다. 그래서 사람들은 자신의 인식작용을 멈추고 가만히 있으려고 한다. 그런 방식의 명상으로 생각이 없는 무념(無念)을 꿈꾼다. 하지만 무념이란 괴로움을 일으키는 쓸데없는 생각이 일어나지 않는 맑은 경지를 가리키는 것이지, 생각 자체가 없는 목석같은 상태를 뜻하는 말이 아니다.

안개 이슬 구름 노을이라고 표현한 것은 변화무쌍한 우리의 삶을 비유한 것이다. 이 네 가지는 물이라는 한 가지가 변화를 일으켜 다른 모양을 나타낸 상태이다. 진여자성도 그와 같아서 변화무쌍한 모습으로 우리와 함께한다.

입적(入寂-고요함에 들어감. 큰 스님들의 죽음)하신 큰 스님들을 말할 때 한 가지 모습을 내

세우는 경우를 본다. 살아계실 때의 그 다양한 모습을 함께한 이들은 분명 알고 있는데, 그런 모습은 간데없고 언제부턴가 누더기 고무신 낡은 의자 따위의 굳어진 그림이 되어버린다. 물론 그런 모습이 있기도 했지만 정말 소소한 일부분일 뿐이었던 것이다.

부처님의 법신(眞如自性)은 항상 우리와 함께하며, 언제나 자기의 마음속에 존재한다. 그것을 모르고 밖으로 돌아다니며 아무리 찾아도 소용없는 일이다. 그러니 돌이켜 보고 깨달아야 한다.

고목으로 조각한 달마대사상. 달마(達摩)로 보는 그 마음이 달마이다.

　　- 2019년 3월 30일 중국 호남성 장사시(長沙市)에 있는 고풍스런 찻집에서 촬영.

항 용 발　해 호 석
降龍鉢 解虎錫이여

양 고 금 환 명 역 력
兩鈷金環鳴歷歷은

불 시 표 형 허 사 지
不是標形虛事持라

여 래 보 장 친 종 적
如來寶杖親蹤跡이로다

용 항복받은 발우와 범 싸움 말린 석장이여

양쪽에 걸린 쇠고리 또렷하게 울리게 함은

모양 나타내려고 헛되이 지니는 것 아니라

부처님의 보배 지팡이를 몸소 본받음이로다

송강 해설

'용을 항복받은 발우'에 해당되는 얘기는 두 가지가 있다.

첫째 얘기는 부처님께서 성불하신 뒤 5비구를 교화하신 후 불을 섬기던 가섭 삼형제를 교화하러 가셨다. 맏형인 우루벨라 가섭(카샤파)은 제자가 500명이나 되던 인물이었는데, 이미 나라의 국사였다고 한다. 그곳에 가신 부처님께서 하룻밤을 머물기를 청하였는데 그들은 자기들이 섬기던 화룡(火龍)굴에서 하룻밤을 머물게 하였다. 부처님은 그 불 토하는 용을 화광삼매(火光三昧)로 항복받아서 발우에 담고 나오셨다는 일화이다. 이것은 외도인 가섭 삼형제를 제도하셨다는 상징이다.

둘째 얘기는 중국 선종의 6조인 혜능 선사께

서 보림사(寶林寺)에 계실 때 큰 연못에 독룡이 살고 있으면서 사람들에게 해를 끼치고 있음을 아셨다. 어느 날 용이 큰 몸을 물위에 드러내는 것을 선사께서 보시고는 말씀하셨다. "네가 신룡(神龍)이라면 몸을 작게도 할 수 있겠구나." 용이 작은 몸으로 변하자 발우에 담아서 법당으로 가져가시어 법문으로 용을 제도하셨다고 하는 일화이다. 이 얘기 또한 지역 유지들을 교화하셨다는 상징이다.

'범 싸움 말린 석장(錫杖-육환장)'이란 중국 승조(僧稠)라는 스님이 산길을 가는데 호랑이 두 마리가 심하게 싸우고 있어서 크게 다칠 것 같았으므로 가지고 있던 육환장으로 두 호랑이의 머리를 툭툭 치고는 그러다가 죽을 수도 있으니 사이좋게 지내라고 법문을 하여 싸움을 말렸다는 일화에서 가져온 얘기이다. 이 얘기는

중도와 자비로 세상의 반목과 대립을 교화했다
는 뜻이다.

발우와 석장(육환장)은 수행자가 늘 가지고
다니던 도구로, 깨달은 수행자의 능력을 표현한
것이다. 발우는 세상의 모든 것을 포용하고 정
화할 수 있는 지혜와 자비이고, 육환장(六環杖)
은 치우침 없는 중도(中道)와 육바라밀(六波羅
蜜)을 상징한다.

옛 스님들은 길을 다닐 때 큰 지팡이를 지니
고 다녔는데, 지팡이 위에 둥근 쇠고리가 꽂혀
있고 큰 쇠고리에는 여섯 개의 작은 쇠고리가
걸려 있었다. 이것으로 땅을 짚으면 절그렁거리
며 소리가 났다. 이것은 멋있으라고 모양을 꾸
미는 것이 아니라 부처님의 가르침인 깨달음의
중도(中道)와 여섯 가지의 실천 덕목인 육바라
밀을 잊지 않고 실천하려고 하는 마음 자세였던

것이다.

　부처님의 제자는 언제나 부처님께서 행하셨던 바대로 실천하여 능력을 갖추고, 그런 후엔 만나는 모든 이들을 깨달음에 이르도록 인도하려고 노력해야 한다.

부처님께서 가섭 삼형제가 섬기던 화룡을 발우에 담아
보여주는 그림. 미얀마 인레호수 안에 있는 파웅도우 사
원의 벽화.

불구진 부단망
不求眞 不斷妄이여

요지이법공무상
了知二法空無相이라

무상무공무불공
無相無空無不空이

즉시여래진실상
卽是如來眞實相이로다

참됨 구하지 않고 망상 끊지 않음이여

두 법 공하여 모양 없는 줄 앎이로다

모양 없고 빔 없고 비지 않음 없음이

곧 이것이 여래의 진실한 모습이로다

송강 해설

불교를 공부하는 이들 가운데 수행을 위한 말과 깨달음의 말을 혼동하는 경우가 허다하다. 그도 그럴 것이 본인은 아직 깨달음에 이르지 못한 상태로 깨달음의 언어를 만나게 되면, 이제까지 배운 것과 다르기에 여전히 배운 것이 옳다고 생각하기 때문이다.

서울에는 가본 적도 없고 남대문에 대한 자료를 제대로 보지 못한 사람은 자신이 들은 남대문이라는 말만 진실이라고 믿어버린다. 그래서 현판도 '남대문'이라고 생각한다. 서울에 갔다 온 사람이 '남대문'이라는 현판은 없다고 해도 그를 거짓말쟁이라며 매도해 버리고 자기의 잘못된 믿음만을 강조하는 것이다. 이미 '숭례문(崇禮門)'이라는 현판을 본 사람은 상대의 말이 잘못이라고 설명해 주지만, 상대가 계속 남대문이라는 주장을 하면 끝내 다툴 필요를 별로 느끼지 못해 웃으며 물러나 버린다. 상대가 남대문을 본 적이 없음을 알고 있기 때문이다. 그래서 "서울 가서 남대문을 보시게!"하고 논쟁을 멈춰 버리는 것이다. 서울 가보지 못한 사람과 서울에 대한 논쟁을 하는 것은 부질없는 일이다.

계속 괴로움을 느끼는 사람에게 괴로움이 없다거나 괴로움을 일으키는 번뇌 망상이 없다고 하면 받아들이지 못한다. 번뇌라는 것은 괴로움을 일으키는 요인들을 표현한 것인데, 괴로움을 겪고 있는 사람에게는 여전히 번뇌가 있으며 괴로움도 실제 상황이 된다. 하지만 이미 깨달아 괴로움이 없는 사람에게는 번뇌 망상 또한 존재하지 않는 것이다. 그럼 깨달은 사람은 깨달음이라는 것을 소유하고 있을까? 깨달음은 괴로움이 사라진 상태를 표현한 것일 뿐이지, 어떤 존재를 소유하는 것이 아니다.

'참됨을 구하지 않고 망상을 끊지 않는다.'는 것은 이미 깨달은 경지를 가리킨다. 깨달은 경지에서는 더 이상 구할 참됨도 끊어야 할 번뇌도 없다. 하지만 깨닫지 못한 사람이라면 당연히 깨달음을 위해 정진해야 하고 번뇌 망상을 제거해야 한다. 모든 문제를 해결한 사람과 해결해야 하는 사람의 차이이다.

'두 법 공하여 모양 없는 줄 앎' 또한 깨달음의 경지이다. 깨닫지 못한 사람에게는 엄연히 괴로운 삶이 존재하므로, 그 괴로움으로부터 해탈해야 한다.

여래는 존재에 대한 집착이 없으므로 모양에 떨어지지 않고(無相), 아무것도 없다는 단멸(斷

滅)에 떨어지지 않으므로 비었다는 것에도 떨어지지 않으며(無空), 또한 비지 않았다는 관념에도 떨어지지 않는다(無不空). 즉 모든 존재로부터도 자유롭고 모든 관념으로부터도 자유로운 것이 깨달은 이의 경지이며, 이것이 여래의 참된 모습인 것이다.

중국 신장(新疆) 위구르 자치구 중부의 오아시스 도시인 쿠차(庫車, 龜玆-쿠처)의 키질 제34굴에 있는 벽화. 왕이 화가들에게 부처님을 그리라고 했으나 화가들이 그리지 못하자 부처님 스스로 자신을 그리셨다는 일화를 표현한 것. 부처님의 모습(경지, 세계)은 오직 부처님만 아시는 것으로 다른 사람이 알 수 없다는 것을 상징한 것임.

심경명 감무애
心鏡明 鑑無得여

확연영철주사계
廓然瑩徹周沙界라

만상삼라영현중
萬象森羅影現中하니

일과원명비내외
一顆圓明非內外로다

마음 거울 밝아 비침에 걸림 없음이여

탁 트여 밝게 사무쳐 세상에 두루하도다

삼라만상의 그림자 그 가운데 나타나니

한 덩이 둥근 광명 안과 밖이 아니로다

송강 해설

우리가 세상을 안다는 것은 마음에 어떻게 비춰지는가의 문제이다. 그런데 이 마음이라는 거울에 먼지나 때가 많이 묻었다면 거울은 제 역할을 못 하고 영상을 왜곡시킨다. 왜곡된 영상을 본 사람은 잘못된 지식을 습득한 것과 같다. 그러므로 자신을 포함한 세상을 잘못 알고 있는 것이다. 어리석음이란 그 먼지(번뇌)가 두텁게 가린 것이고, 깨달았다는 것은 그 먼지가 사라진 것이다. 마음 거울에 먼지가 있으면 괴로운 중생이요, 마음 거울에 먼지가 없으면 해탈한 선지식이다.

이미 깨달아 모든 먼지(번뇌)가 사라졌다면 마음이라는 거울은 왜곡되지 않고 분명하게 비쳐지는 본래의 기능이 완전히 회복된다. 그러므로 마음이 대상을 비쳐보는데 전혀 장애가 없어졌기에 이 세상 모든 것을 낱낱이 살필 수 있다. 이것을 대원경지(大圓鏡智) 즉 크고 흠집이 없는 거울이 모든 것을 낱낱이 비춰내는 지혜의 경지라 한다. 삼라만상이 그림자인 것을 분명히 안다면 어찌 그림자를 잡으려 하고 그림자 때문에 괴로워하겠는가. 그러므로 다만 삼라만상이라는 그림자가 나타나고 사라질 뿐이다.

자신이 보고 있는 그것이 이미 마음에 나타난 그림자라는 것을 알아버린 사람이라면, 그림자를 보면서 자신의 마음을 본다. 그러므로 깨달은 이의 진여자성은 밝고 맑은 하나의 빛이다. 그러므로 구할 것도 버릴 것도 없다.

그러나 주의해야 한다. 깨닫지 못한 사람이 자칫 흉내만 내고 있으면 온갖 괴로움이 그를 삼켜버릴 것이다.

이것은 마음이 그리고 마음에 그림자 드리운 것. 러시아
상트페테르부르크의 정교회 내부.

- 2017년 6월 19일 촬영.

활 달 공 발 인 과
豁達空 撥因果여

망 망 탕 탕 초 앙 화
茫茫蕩蕩招殃禍라

기 유 착 공 병 역 연
棄有着空病亦然하니

환 여 피 익 이 투 화
還如避溺而投火로다

텅 빈 공함으로 인과를 부정해 버림이여

아득하고 끝없이 재앙을 부르는 것임이라

있음 버리고 공에 집착하면 병은 마찬가지

물에 빠짐 피하다가 불에 뛰어듦과 같도다

송강 해설

불교의 모든 가르침은 병증에 대한 처방전이다. 병증과 상관없는 가르침의 이론 자체만을 만고불변의 진리라고 집착해버리면 또 다른 큰 병이 된다.

병에 대한 처방은 그 병의 증상을 바로잡기 위함이지 그 처방전이 모든 병에 다 통한다는 것이 아니다. 만약 배탈이 나서 설사를 계속하는 경우라면 설사를 유발시키는 음식물을 피하면서 설사를 그치게 하는 약(止瀉劑)을 먹게 한다. 설사의 고통으로부터 벗어난 사람이 멀건 미음과 지사제를 만병통치약으로 알고 계속 복용한다면 어떻게 될까? 당연히 그는 변비로 괴로워하게 될 것이다. 설사를 할 때는 금기시되던 기름진 음식이 변비일 경우는 약이 될 수 있고, 설사시키는 약(下劑)은 치료제가 될 수 있을 것이다.

상황이 정반대인 두 증상에는 효능이 정반대인 약재를 써야 한다. 하지만 두 가지 약재를 잘못 쓰면 오히려 독이 될 것이다.

존재(有)와 현상(行)에 대한 집착으로 괴로워하는 사람들을 위해 부처님께서는 제행무상(諸行無常)과 제법무아(諸法無我)를 말씀하셨다. 모든 현상은 끝없이 바뀐다는 것이 '제행무상'이고, 모든 존재는 영원히 변치 않는 실체가 없다는 것이 '제법무아'이다. 현상과 존재는 끝없이 변해가고 생멸하는 것이므로 고정불변하기를 바라면 괴로움이 생기는 것이니, 그 이치를 알아 하나의 현상이나 존재의 한 모습이 영원하기를 바라지 말라는 가르침이다. 이것이 나중에 공(空)으로 정리된다. 그러므로 공(空)은 현상과 존재에 대한 집착으로 괴로워하는 병증에 대한 처방전이다.

만약 공(空)을 이해하여 현상과 존재에 대한 집착으로 인한 괴로움에서 벗어난 사람이 다시 공에 집착하면, 이번에는 무기력해지고 염세적으로 바뀐다. 그런 이는 허무에 빠져서 또 다른 괴로움 속으로 들어간다. 공(空)은 진여실상(眞如實相)을 깨닫기 위한 과정에 불과하다. 그럼에도 앞으로 더 나아가지 못하고 허무공(虛無空)이나 단공(但空)에 머물러버리면 여전히 어리석고 괴로운 중생일 뿐이다. 마음 공부하는 사람은 오직 진여자성을 깨달아 모든 것으로부터 자유로워진 열반의 경지에 이를 때까지 멈춰서는 안 된다.

인도 보드가야 대탑에서 오체투지하는 티베트 스님. 절
하는 것이 최종 목적이 아니다.

                       – 2009년 12월 6일 촬영.

사 망 심 취 진 리
捨妄心 取眞理여

취 사 지 심 성 교 위
取捨之心成巧僞라

학 인 불 료 용 수 행
學人不了用修行하니

진 성 인 적 장 위 자
眞成認賊將爲子로다

허망한 마음 버리고 참된 이치를 취함이여

취하고 버리는 마음 교묘한 거짓 이룸이라

배우는 사람이 깨닫지 못하고 수행하나니

참으로 도적 잘못 알아 아들 삼으려 하도다

송강 해설

불교는 번뇌 망상을 버려야 괴로움에서 벗어
난다고 가르친다. 괴로움을 일으키는 것이 번뇌
망상이기 때문이다. 다시 말해 아무 쓸모도 없
는 생각들로 스스로 괴로움을 만들어 힘들어하
는 사람에게, 자신을 힘들게 하는 괴로움의 원
인을 정확하게 밝혀줌으로써 괴로움으로부터
해탈시키려는 목적인 것이다.

망심(妄心)이란 거짓된 마음이라는 뜻이다.
다시 말해 진짜 마음이 아니라는 의미로, 쓸데
없는 생각이 가득한 상태를 진짜 마음이라고 생
각하지 말라는 것이다. 그런데 이 말을 듣고 진
짜 마음과 거짓된(허망한) 마음의 두 가지가 있
는 것으로 생각하면 안 된다. 망심(妄心)이란 쓸
데없는 생각을 하고 있는 상태의 마음을 가리키

는 것이고, 진심(眞心) 또는 본심(本心)이란 번뇌가 없는 상태를 가리키는 것이다.

밭에 잡초가 무성하면 잡초 밭이라고 하고, 곡물 또는 채소가 잘 자라고 있으면 좋은 밭이라고 한다. 같은 밭이라도 버려두면 잡초가 무성하고 가꾸지 않으면 황폐해진다. 잡초가 무성하거나 황폐해졌다고 그 밭은 버리고 또 다른 밭을 찾는 사람이라면, 새밭 역시 잡초가 무성하게 두거나 황폐하게 버려둘 것이다. 농사를 잘 짓는 사람은 잡초 따위에 연연하지 않는다. 황폐한 밭을 만나도 노력하여 옥토로 바꾸어 놓는다.

만약 잡초 무성한 밭을 가진 사람이 독한 약을 뿌려서 다시는 잡초가 나오지 않게 해 버린다면 채소나 곡물도 자라지 못할 것이다.

괴로움으로부터 해탈한 사람에게는 청정한

마음과 거짓된 마음이 따로 없다. 세상을 거짓과 참으로 나누어두고 거짓을 버리고 참을 얻으려고 하는 것은 또 다른 괴로움을 만들 뿐이다. 자기의 손익만을 따지면서 취사선택하려는 사람은 해탈할 수 없다.

수행한다는 사람이 무조건 혼자 노력하는 것은 바람직하지 못하다. 깨닫지 못한 상태에서는 방향을 제대로 모르기 때문에 자신이 생각하는 목적지와는 반대로 가는 헛된 노력을 하기가 쉽기 때문이다. 선악(善惡)은 때때로 위치에 따라 서로 역할을 바꾸기도 한다. 그래서 선악도 넘어서라고 하는 것이다.

경전에서 지혜의 길을 찾는 사람이라면 하나의 경(經)으로도 충분하지만, 팔만대장경에서 지식을 구하는 사람은 대장경을 짊어지고 다니다가 깔려죽고 말 것이다. 지혜가 없는 사람은 번뇌를 자기 마음으로 알고, 깨닫지 못한 사람은 자기의 아만(我慢) 등을 도(道)라고 여긴다.

자기 자신 외에는 아무도 자신을 괴로움으로 끌고 가지 않는다.

손법재 멸공덕
損法財 滅功德이

막불유사심의식
莫不由斯心意識이라

시이선문료각심
是以禪門了却心하고

돈입무생지견력
頓入無生知見力이로다

진리의 재물을 덜고 공덕을 소멸시킴이

팔식 칠식 육식 말미암지 않음 없음이라

이로써 선가에서는 인식경계 떨쳐버리고

몰록 남이 없는 지견의 힘에 들어가도다

송강 해설

부처님의 가르침을 전하려면 어떻게 하는 것이 가장 좋을까? 말할 것도 없이 부처님께서 말씀하신 것을 깨달아서 자신이 부처님과 같은 안목이 된 후에 사람들을 일깨워주는 것이 가장 좋다. 그렇지 않다면 경전의 말씀을 그대로 전달하는 것도 괜찮다. 만약 누군가 경문의 뜻을 묻는다면 '깊은 뜻은 잘 모른다'고 답하는 것이 좋다. 자신이 깨닫지 못한 상황에서 자의적인 해석을 하다 보면 부처님의 가르침과는 반대로 해석해버리기도 하기 때문이다. 깨닫지 못한 이가 불법을 전하는 가장 좋은 방법은 성실하고 바르게 정진하는 모습을 보여주는 것만으로도 충분하다. 그 모습을 본 사람이 불법에 관심을 가지고 스스로 정진의 길에 나설 수 있기 때문이다.

요즘 SNS(Social Network Service)를 통해 전법을 한다는 많은 이들이 활동하고 있는데, 긍정적인 면보다 부정적인 측면이 더 많은 듯하다. 수행력에 전념해야 될 젊은 스님들이 개인적으로 정리한 이론을 바탕으로 해석한 결과로 부처님의 가르침에서 한참 벗어난 경우가 많다. 그러니 수행을 해 보지도 않은 일반인이 불법을 논하는 것이야 말할 것도 없다. 왜 이런 일들이 벌어지는 것일까? 대부분이 깨달음의 지혜가 아닌 약간 맑아진 인식능력으로 접근하기 때문이다. 스스로 알았다고 판단하는 대부분의 것들이 바로 이 인식능력이 개선된 것을 깨달았다고 착각해 버리기 때문이다. 이런 사람은 오히려 부처님의 가르침을 훼손(損法財)시키고 있다. 뿐만 아니라 스스로가 거기에 만족해 버리기 때문에 더 정진해서 깨달음에 이를 수 있는 기회마저 없애버린다(滅功德).

학자와 수행자가 다른 점은 학자는 인식의 세계에서 논리와 언어적 규명에 애쓰는 반면에 수행자는 부처님의 깨달음을 향한다. 학자는 이론적으로 모든 것을 다 말할 수 있지만 자신도 남도 해탈시키기 어렵다. 수행자는 자신이 스스로 해탈한 경지가 아닌 마음, 다시 말해 조금이라도 불안한 마음이 있다면 그건 부처님의 가르침이 아니기에 거기에 만족하지 않는다.

수행자는 곧바로 문제의 핵심과 만나서 그것을 깨부숴 버린다. 그것이 생사이건 열반이건 이론이나 관념의 울타리 안에 갇히지 않는다. 훌쩍 넘어서고 보면 그런 이론이나 관념이 그림자임을 알게 된다. 여기에 이른 사람은 그 누구도 어쩌지 못한다.

중국 하북성(河北省) 조현(趙縣)에 있는 융흥사(隆興寺)
관음전─현판은 전륜장(轉輪藏)─에 모셔진 42수 관음보
살상. 42개의 지물(持物)이 손마다 있는데 대개는 무기
이다. 자비의 화현인 관음보살이 왜 무기를 지녔을까?

　　　　　　　　　　　　　　　　　　　－ 2009년 6월 15일 촬영.

대 장 부 병 혜 검
大丈夫 秉慧劍이여

반 야 봉 혜 금 강 염
般若鋒兮金剛燄이니

비 단 능 최 외 도 심
非但能催外道心이요

조 증 락 각 천 마 담
早曾落却天魔膽이로다

대장부가 지혜의 칼을 잡음이여

반야의 칼날이요 금강의 불꽃이니

외도의 마음만 꺾을 뿐만 아니라

일찍이 천마의 간담 떨어뜨렸도다

송강 해설

　인식의 경계에 만족하지 않고 목숨을 걸고 수행하여 깨달음에 이른 이는 무생지견(無生知見) 즉 생멸하지 않는 지혜를 쓰게 된다. 이 경지에 이른 이를 대장부라고 한다. 불교에서는 지혜로운 이라면 남녀노소를 불문하고 모두 대장부다.

　대장부가 잡은 지혜의 칼이란 밖에서 가져 온 것이 아니다. 지혜의 칼은 본래 자신에게 있는 모양 없는 빛이다. 지혜의 칼이란 괴로움의 요인인 번뇌를 없애는 힘이다. 그럼 지혜의 칼을 휘둘러서 번뇌를 자르는 것일까? 그렇지 않다. 지혜의 칼을 보는 순간, 즉 자신의 지혜를 마음대로 쓸 수 있게 되었을 때는 이미 번뇌가 일어나지 않는 경지이니, 번뇌를 자른다는 말이 성립되지 않는다. 이는 불을 켜는 순간 어둠이 사라지는 것과 같은 이치이다.

깨달음의 지혜는 모든 괴로움의 싹을 잘라버리기에 칼날이라 했고, 마음의 쓰레기를 다 살라버리기에 금강(金剛=지혜)의 불꽃이라고 했다. 이 칼날과 불꽃 앞에서는 불상(佛像)도 대장경(大藏經)도 견뎌낼 수 없다. 그래서 만들어 놓은 불상이나 종이와 글자로 된 대장경에 속지 않는다. 한편으로는 이 칼날과 불꽃이 불상을 부처로 되살리고 굳은 대장경을 향기로운 부처님의 말씀으로 되살리기도 한다.

온갖 세상 지식 다 지닌다고 해탈할 수 있을까? 부처님 당시에도 뛰어난 지식인(外道)이 많았는데, 그들 대부분이 부처님의 제자가 되어서야 해탈의 경지를 맛보았다. 깨달은 사람은 어떤 권력이나 재력이나 명예로부터도 자유롭다. 그는 부처님의 지혜로 세상 사람을 해탈시키는 일

이 아니라면 돌아보지도 않는다. 세상 모든 것
(권력, 재력, 명예 등)을 가졌으면서도 근심걱정
으로 편치 못한 사람(天魔)을 지혜로운 이는 불
쌍하게 여길 뿐이다.

수행자를 보호하고 깨달음으로 인도한다는 부동명왕은
왜 분노의 모양을 하고 있는가. 개화사 무량수전 좌우에
안치된 목조 부동명왕. 중국 명대(明代) 조성으로 추측.

진법뢰 격법고
震法雷 擊法鼓여

포자운혜쇄감로
布慈雲兮灑甘露라

용상축답윤무변
龍象蹴踏潤無邊하니

삼승오성개성오
三乘五性皆惺悟로다

법의 우레 떨치고 진리 북 두드림이여

자비 구름 펼치고 감로수를 뿌리도다

용 코끼리 차고 밟음에 적심 끝없으니

뭇 수행자 온갖 성품 모두가 깨치도다

송강 해설

석가모니부처님을 비롯한 깨달은 분들은 모든 사람들을 괴로움으로부터 벗어나게 해서 해탈케 하고 깨달음에 들게 하려는 교화활동을 잠시라도 멈춘 일이 없다. 만약 아직도 그런 선지식을 만나지 못했다면 자신이 알아보지 못했을 뿐이다. 자신의 얕은 지식정보로 세상을 평가하는 이들은 지금 이 시대에 도인(道人)이 없다느니 선지식(善知識)이 없다느니 하지만, 정말 목숨 걸고 찾아보기나 한 것일까? 도인은 지식이나 정보로 알아볼 수 있는 대상이 아니다. 지금은 훨

* 삼승(三乘)~성문승(聲聞乘) · 연각승(緣覺乘) · 보살승(菩薩乘). 지향하는 바의 크기에 따라 세 가지로 분류한 것.
* 오성(五性)~현재의 경지에 따라 다섯 가지로 나눈 것. 범부성(凡夫性) · 이승성(二乘性) · 보살성(菩薩性) · 부정성(不定性) · 외도성(外道性)

씬 도인이 많지만 불교의 이론(정보)에만 익숙한 사람들은 자신의 인식 경계로만 살피기 때문에 바로 곁에 도인이 있어도 절대로 알아볼 수 없다. 절에 드나들며 몇 시간 좌선했다고 자신이 진짜 수행을 했다는 착각에 빠져 있다면 선지식을 알아보긴 불가능하다. 부처님 당시에도 도인이 없다고 말한 사람이 강변의 모래만큼이나 많았다. 그들은 모두 부처님을 부정했다.

만약 목숨 걸고 깨달음의 길에 나아가려고 노력한다면 반드시 자비로운 구름을 만나 시원해질 것이고, 단비를 만나 삶의 갈증을 풀 수 있을 것이다. 요즘은 출가를 하겠다는 사람도 목숨을 걸라고 하면 대부분 도망가 버린다. 내게 왔던 수많은 젊은이들도 행자생활(수행 예비단계)을 견디지 못하고 떠나버렸다. 그들은 대개 깨달음이라는 것을 쉽게 구할 수 있는 상품쯤으로 착각하고 있었다.

참으로 발심하여 수행을 하는 이라면 반드시 훌륭한 선지식(용과 코끼리)의 교화(차고 밟음)를 받을 수 있다. 정말 좋은 약수터에 있더라도 물통의 마개를 열지 않으면 약수를 담을 수 없다. 자신의 물통에 물을 담지 못했다고 약수가 없다고 해선 안 된다. 그 약수터는 물이 필요한 모든 생명에게 열려 있기 때문에, 사람이나 짐승이나 풀 나무까지도 생명수가 된다.

운명이나 숙명을 말하는 이가 있고, 타고난 자질의 높낮이를 따지는 이가 있다. 그런 이는 대개 깨닫기 어렵다는 이유를 댄다. 하지만 진짜 발심하여 수행한다면 누구나 깨달을 수 있다. 다만 스스로가 포기할 뿐이다.

설법하시는 부처님. 손 모양(手印)이 설법하시는 모양
(說法印)임. 옻칠에 금으로 조성. 1996년 미얀마 바간
(Bagan) 성지순례 때에 모셔옴. 개화사 주지실 소장.

설산비니갱무잡
雪山肥膩更無雜하니

순출제호아상납
純出醍醐我常納이라

일성원통일체성
一性圓通一切性이요

일법변함일체법
一法徧含一切法이로다

설산의 비니초 다시 잡초가 없어서

순수한 제호 내니 내 항상 받음이라

한 성품 원만히 모든 성품에 통하고

한 법이 두루 모든 법을 포함하도다

송강 해설

『열반경』에서 설명하기를 설산에 비니초(肥膩草)라는 향기로운 풀(香草)이 있는데, 그 풀이 있는 곳에는 다른 풀이 없다. 흰 소(白牛)는 그 비니초만 먹는데, 그 소젖으로 가장 맛있는 유제품인 제호(醍醐)를 만들 수 있다고 하였다.

설산은 진리의 세계이고, 비니초는 깨달음의 길 즉 수행법이다. 흰 소는 우리의 청정자성이며, 제호는 지혜와 자비이다.

진리의 세계로 나아가려는 이는 오로지 깨달음의 길 외에는 관심을 두지 않는다. 그 길에 매진한다면 망상 따위에 휘둘리지 않는다. 그래서 비니초가 있는 곳에는 다른 풀이 없다고 했다. 좋은 것도 자성을 깨닫는 데에 활용하지 못한다면 소용이 없겠지만, 만약 자기 본성을 깨닫는 수행법을 잘 실천한다면 반드시 깨달아 지혜와 자비의 온갖 선교방편으로 세상을 이롭게 할 것이다.

자성청정의 경지에 이르면 모두가 평등하다. 감성이나 감정 또는 인식의 범주에서는 개개인이 모두 다르다. 그 다름의 분상에서는 평등한 것이 아니다. 청정본성을 깨달아야 비로소 평등성지(平等性智)와 대원경지(大圓鏡智)가 발현되는 것이다. 그 자리에 있다면 모든 생명체와 원만히 통한다.

이 세상 모든 것은 마음의 문제이다. 마음으로 짓고 마음으로 받는다. 즐거운 것도 괴로운 것도 모두 마음으로 느끼는 것이다. 그래서 낱낱의 존재나 현상을 따라다니지 말고 자기 마음 오로지 깨달으라고 하는 것이다. 마음을 밝게 본 사람은 우주라도 거둘 수 있지만, 마음이 어두운 사람은 작은 현상 하나도 받아들이지 못한다.

모든 물은 바다에 이른다. 바다에 이르면 이전의 시내
이름이나 강 이름을 모두 버리고 바다로 통합된다.

일 월 보 현 일 체 수
一月普現一切水요

일 체 수 월 일 월 섭
一切水月一月攝이라

제 불 법 신 입 아 성
諸佛法身入我性하고

아 성 환 공 여 래 합
我性還共如來合이로다

하나의 달이 모든 물에 널리 나타나고

모든 물의 달이 하나의 달에 포섭된다

모든 부처 법신이 내 성품에 들어오고

내 성품이 다시 여래와 함께 합하도다

송강 해설

'하나의 달이 모든 물에 나타나고, 모든 물의 달이 하나의 달에 포섭된다.'고 한 구절은 앞의 '한 성품 원만히 모든 성품에 통하고 한 법이 두루 모든 법을 포함하도다.'를 다시 설명한 말이다.

『금강경』 일체동관분(一切同觀分) 제18에 '갠지스 강 모래알 수와 같이 많은 나라에 있는 일체 중생의 갖가지 마음을 여래가 다 아느니라'고 했다. 큰 바다의 모든 파도가 갖가지 모양을 만들어도 오직 바닷물일 뿐이다. 헤아릴 수 없는 수많은 중생의 인식경계(파도 또는 그림자)라 할지라도 '크고 원만한 거울 같은 지혜(大圓鏡智)'의 마음에는 그 인식과 본체가 그대로 비춰지는 것이다. 달이 허공에 있어 갖가지 물에 그 달이 나타날지라도 허공의 달만 보면 실체를 본 것이다.

부처란 정해져 있는 특별한 존재가 아니다. 진리를 깨달아 진리와 하나가 된 자리이다. 하지만 참 어렵다. 진리란 눈에 보이는 것이 아니며, 진리의 몸이라는 법신(法身) 또한 보이는 것이 아니다. 마치 빛과 같은 존재로, 다른 것을 다 드러나게 하면서도 빛 자체는 정해진 모습이 없는 것과 같다. 그러니 눈으로 보려거나 손으로 만지려거나 머리로 이해하려고 해 봤자 소용이 없다. 오직 자신의 본성자리를 깨달으면 된다.

자성자리를 보면 부처가 된다고 해서 청정자성을 불성(佛性)이라고 하고, 선가(禪家)에서는 견성성불(見性成佛)이라고 했다. 하지만 견성(見性)을 자신의 인식경계 살피는 것으로 생각하면 오산이다. 견성(見性)은 청정한 자성자리인 법신(法身)과 하나가 된 것이며, 그때의 성품이란 성소작지(成所作智) 묘관찰지(妙觀察智) 평등성지(平等性智) 대원경지(大圓鏡智)가 발현되는 깨달음 즉 부처님과 같은 지혜를 쓸 수 있는 경지를 말하는 것이다.

모든 부처성품과 자기 성품이 둘이 아닌 깨달음의 경지라면 곧 여래와 같은 자리에 있게 되는 것이다.

해가 두 개인 듯 보이지만 하나라는 것을 다 안다. 깨달
으면 모든 성품의 근본이 하나임을 안다.

      – 2009년 12월 8일 인도 성지순례를 할 때
쿠시나가라로 달리는 버스에서 촬영한 것.

일 지 구 족 일 체 지
一地具足一切地하니

비 색 비 심 비 행 업
非色非心非行業이라

탄 지 원 성 팔 만 문
彈指圓成八萬門하고

찰 나 멸 각 삼 기 겁
刹那滅却三祗劫이로다

하나의 지위에 모든 지위 다 갖추니

몸도 마음도 아니며 행업도 아님이라

손가락 퉁김에 팔만법문 다 성취하고

찰나에 삼 아승기겁을 없애 버리도다

송강 해설

하나의 지위란 깨달음의 지위이며, 모든 지혜를 쓸 수 있는 경지인 부처의 자리이다.

중생의 삶이 문제인 것은 괴로움 때문이다. 중생의 삶을 한마디로 고통의 바다(苦海)라고 한다. 그렇다면 이 고통은 어디에서 비롯된 것인가? 부질없는 번뇌 때문이다. 번뇌란 지혜가 발현되기 전의 모든 생각인데, 결국 지혜가 발현되어야 그 생각으로부터 자유로워진다. 지혜가 발현되려면 깨달아야 한다.

인도의 수많은 고행자들처럼 몸을 힘들게 한다고 해탈하는 것도 아니고, 자기 인식작용을 분석하고 연구한다고 해서 해탈하는 것도 아니다. 의지력을 키운다고 해탈할 수 있는 것도 아니고 착한 업을 계속 짓는다고 해탈하는 것도 아니다.

깨달음이란 그런 것들을 넘어서는 것이다. 그런 온갖 작용이 일어나기 이전의 자리로 돌아가야 한다. 그 자리로 돌아가 보면 본래 번뇌라는 것이 없었다는 것을 안다. 생각을 해도 번뇌가 되는 자리가 있고 번뇌가 되지 않는 경지가 있다. 이 도리를 모르기 때문에 생각을 하지 않으려거나 맑히려고만 한다. 나쁜 꿈을 꾸면서 괴로워하는 사람이 그 꿈을 정지시키려거나 좀 맑은 꿈을 꾸면 자유로워지겠는가. 꿈속의 온갖 문제는 꿈을 깨면 곧바로 해결된다. 스스로 만들어 가는 관념이라는 꿈은 오직 깨달음에 의해서만 깰 수 있다.

팔만대장경에 펼쳐지는 부처님의 가르침을 어떻게 하면 다 알아차릴 수 있을까? 대장경에서 설명하고 있는 모든 수행법은 언제 모두 완성할 수 있을까? 깨닫지 못하면 영원히 불가능하다. 깨달아야 다 알고 다 이룬다. 깨닫고 난 뒤 시간이 오래 흘러야 하는 것이 아니라 깨닫는 순간 다 알고 다 이룬다. 그래서 '손가락 퉁기는 사이에 팔만법문을 남김없이 이룬다'고 하는 것이다.

삼기겁(三祇劫)은 삼 아승기겁이다. 아승기(阿僧祇)란 범어(梵語) asaṃkhya를 소리대로 옮긴 말로 계산할 수 없는 수(數)를 말하고, 겁(劫) 은 kalpa의 소리 옮김으로 역시 계산할 수 없는 시간 단위이다. 그러므로 삼 아승기겁이란 계산할 수 없는 세월 동안 쌓아온 해탈을 방해하는 요인들이다. 바로 이런 것도 깨달으면 찰나에 모두 소멸되는 것이다.

고타마 싯다르타의 모든 문제는 깨닫는 순간 모두 해결
되었다. 어둠 내린 보드가야 대탑에서 빛나는 부처님 부
조.

— 2009년 12월 7일 촬영.

일 체 수 구 비 수 구
一切數句非數句여

여 오 영 각 하 교 섭
與吾靈覺何交涉가

모든 차별적 언어와 절대평등의 언어여

내 신령스러운 깨침과 무슨 상관있는가

송강 해설

　수구(數句)는 부처님 말씀 가운데 숫자로 차별적인 것에 대한 설명(法數)을 가리키는 것으로 일반적인 교리인 삼법인(三法印)·사제(四諦)·오온(五蘊)·육근(六根)·칠각지(七覺支)·팔정도(八正道) 등을 가리킨다. 비수구(非數句)는 숫자로 차별해 설명하는 것이 아닌 절대적인 것에 대한 가르침 즉 진여(眞如)·해탈(解脫)·보리(菩提)·열반(涅槃) 등을 가리킨다. 그러므로 '모든 수구와 비수구'라는 말은 부처님의 말씀 즉 모든 가르침을 뜻한다.

　부처님의 가르침은 중생들이 괴로워하는 것들을 분석해 보인 것이 있고 또 괴로움에서 벗어나게 하여 깨달음에 이르게 하려는 수행방법에 대한 가르침(數句)이 있으며, 깨달음에 대한 궁금증을 풀어줌으로써 그 경지에 이르게 하려는 설명(非數句)이 있다. 그런데 이 모든 가르침은 어디까지나 가르침일 뿐이다. 스스로 수행하여 그 경지에 이르기 전에는 그냥 언어일 뿐이다. 이런 가르침의 도움을 받기는 하지만 깨달음은 오로지 자신의 몫이다. 그렇기 때문에 신령스러운 깨침 자체와는 직접적인 상관이 전혀 없다. 그러니 팔만대장경을 다 외웠으나 깨닫지 못한 이보다는 대장경 한 구절을 보지 않았어도 깨달은 이가 존귀한 것이다.

장엄한 의식으로 경문을 읽어도 깨닫지 못하면 그저 의식일 뿐이다. 2018년 1월 보드가야 마하보디대탑, 티베트 스님들의 법회.

– 지원수좌 촬영.

불가훼 불가찬
不可毁 不可讚이여

체약허공물애안
體若虛空勿涯岸이라

불리당처상담연
不離當處常湛然이나

멱즉지군불가견
覓則知君不可見이로다

훼방할 수도 없고 칭찬할 수도 없음이여

본체는 허공과 같아서 가장자리가 없도다

당처를 떠나지 않고 항상 맑고 깨끗하나

찾으려 하면 그대가 볼 수 없음을 알리라

송강 해설

깨달음에 이른 사람은 누가 그를 훼방할 수도 없고 칭찬할 수도 없다. 왜냐하면 훼방하거나 칭찬하는 사람에게는 의미 있는 일이 될진 몰라도 깨달은 사람에게는 그런 것들이 모두 그림자 같은 것이기 때문이다. 다만 훼방하거나 칭찬하는 사람들의 그 마음을 잘 알아서 이끌어 줄 뿐이다.

깨달음의 본체는 한계가 없다. 그래서 그 작용을 '크고 원만한 거울 같은 지혜(大圓鏡智)'라고 한다. 그것은 마치 허공과도 같아서 한계라는 것이 없다.

깨달음의 본체는 대장경 속에 있는 것도 아니고 어느 성스러운 장소에 있는 것이 아니다. 삶의 현장을 떠나지 않는다. 어떤 이들은 깨달음을 마치 신선의 경지처럼 생각하거나 천상의 세계와 같을 것이라고 상상하지만 그렇지 않다. 시장에 가거나 청소를 하거나 경을 보거나 밥을 할 때 바로 그 자리를 벗어나지 않으면서, 언제나 맑고 깨끗하다.

그것이 어떤 것인지를 보여 달라고 해도 결코 보여줄 수 없다, 만질 수도 볼 수도 냄새 맡을 수도 없지만, 만지는 그 순간과 맛보는 바로 그때와 냄새 맡는 찰나에 함께하는 경지일 뿐이다.

이 불화를 불로 태울 수는 있어도 관음보살의 지혜와 자비를 태울 수는 없다. 온 우주에 충만하기 때문이다. 대천(大千)거사 장원(張爰, 1899 ~ 1983)화백이 돈황 막고굴 제100굴의 관음보살도를 모사(模寫)한 불화.
개화사 소장.

취 부 득 사 부 득
取不得 捨不得이여

불 가 득 중 지 마 득
不可得中只麼得이라

묵 시 설 설 시 묵
默時說 說時默이여

대 시 문 개 무 옹 색
大施門開無壅塞이로다

가질 수도 없고 버릴 수도 없음이여

얻을 수 없는 중에 다만 그리 얻음이라

침묵할 때 말하고 말할 때 침묵함이여

크게 베푸는 문을 여니 옹색함 없도다

송강 해설

깨달음이란 밖으로부터 무엇을 얻는 것이 아니다. 자격증 같은 것은 더더욱 아니다. 깨달음이라는 것은 자기 안에 본디 청정한 부처성품이 있음을 확실히 알고 쓸 수 있게 된 것을 뜻한다. 불성과 지혜를 모를 때는 쓸 줄 모르니 없는 것처럼 생각되지만 깨닫는다고 없던 것이 새로 생긴 것은 아니다. 불성과 불성의 지혜가 본디 있던 것이니 얻을 수 있는 것이 아니다.

중생이 자기 안에 불성이 있는 줄을 모른다고 그 불성을 어딘가에 버린 것이 아니다. 불성이 있는 줄을 깨닫지 못했으니 당연히 불성의 지혜를 사용하지 못하여 어리석다.

지혜를 자유자재하게 쓰면 성현(聖賢)이라고 하고 쓰지 못하면 중생(衆生)이라고 하나, 그 경지에 따라 편의상 성현이니 중생이니 구분할 뿐이다. 물론 경지에 따라 괴롭거나 괴롭지 않은 차이가 분명히 있다. 그래서 근본적으로는 얻는 것이 아니지만 경지에 따라 얻었다고 표현하는 것이다. 엄격히 말하면 불성이나 지혜 또는 깨달음을 얻었다고 하는 것은 그것과 하나가 되어서 자유자재하게 쓸 수 있게 되었다는 뜻이다.

지혜가 열리면 천지자연이 말하지 않아도 그 천지자연이 항상 이치 설함을 듣게 된다. 지혜로운 이는 상대가 아무 말 하지 않아도 마음의 말을 들을 수 있다. 하지만 어리석은 이는 부처님의 설법을 종일 들어도 진실을 듣지 못한다.

크게 베푸는 문을 연다는 것은 스스로 깨달음에 이름을 뜻한다. 깨달음의 경지를 평생 설파하신 부처님보다 더 크게 베푼 이가 있는가. 그러니 진정한 보시바라밀은 깨닫는 것이다. 태산 같은 재물을 베풀어도 때가 되면 없어지지만, 누군가를 깨달음으로 인도하면 그의 깨달음은 영원히 소멸되지 않는다. 깨달음에 이른 사람은 말을 할 때도 침묵하듯 그 마음이 고요하고, 침묵하면서도 많은 것을 설파해 준다. 그러니 깨달은 사람은 결코 옹색하지 않다.

법회에 참석한 개화사 불자들. 외모는 모두 다르지만 청
정한 자성(佛性)을 지녔기에 동등하다.

유인문아해하종
有人間我解何宗하면

보도마하반야력
報道摩訶般若力하리라

혹시혹비인불식
或是或非人不識이요

역행순행천막측
逆行順行天莫測이로다

어떤 사람 내게 무슨 근본 아느냐 물으면

위대한 반야지혜 힘이라고 널리 말하리라

혹 옳고 혹 그름을 사람들이 알지 못하고

역행과 순행을 하늘도 헤아리지 못하도다

송강 해설

종(宗)은 종지(宗旨) 또는 종취(宗趣)라는 말의 줄인 말이다. 종지와 종취는 뜻이 같다고 볼 수 있는데, 어떤 종파의 핵심적인 가르침 또는 주장을 말하는 것이다. 불교적인 입장에서는 깨달아서 도달한 궁극적인 진리나 깨달음 그 자체 또는 경지를 뜻한다. 이곳에서는 영가현각 선사가 가장 중요하게 생각하는 것을 가리킨다.

깨달음에 이른 사람에게는 무엇이 삶의 중심이 될까? 가장 뛰어난(摩訶) 초월적 지혜의 힘(般若力)이다. 이것은 축적된 지식이나 정보의 힘으로 판단하는 그런 힘을 말하는 것이 아니다. 본래부터 자신에게 갖추어져 있었으나 번뇌로 인해 쓰지 못하고 있던 자성(自性)의 빛이다. 초월적이라는 것은 현상적인 상황을 뛰어넘는 힘이 있다는 뜻으로, 그래서 지혜라는 말로 번역하지 않고 반야(般若)라는 범어 소리 옮김을 그대로 사용한 것이다. 지혜를 쓸 수 있게 되면 더 이상 번뇌로 인한 괴로움이 없으므로 괴로움으로부터 해탈한 경지가 된 것이다. 그러므로 깨달음의 삶이 어떠하냐고 묻는다면 어디에도 걸리지 않는 지혜로운 삶이라고 할 수 있다.

가장 뛰어난 초월적 지혜로 사는 사람의 삶은 어떤 모양으로 나타날까? 혹은 옳은 것처럼도 보이고 혹은 그른 것처럼도 보인다. 미리 먼 미래를 내다보고 하는 언행인지라 그 당시로는 일반 사람들이 정확하게 판단하기가 어렵다. 그래서 때로는 비난을 받기도 한다.

지혜로운 이의 언행은 현재의 흐름을 거스를 때(逆行)도 있고 흐름과 더불어 행할 때(順行)도 있다. 지금 진행되는 것이 결과가 좋을 것이라면 더불어 행하지만 결과가 나쁠 것이라면 거스른다. 비록 천재적인 사람이라 할지라도 결과가 좋을지 나쁠지를 환하게 알지 못하기에 깨달은 이의 언행을 헤아리지 못한다.

깨달은 사람은 해탈로 인도하는 길이 아니라면 시류(時流)나 대중의 눈높이를 따르지 않는다.

인도 엘로라석굴사원 사리탑의 석가모니부처님. 설법하
시는 모양. 왜 싯다르타는 깨닫고 난 후 제왕이 되지 않
았을까.

— 2009년 12월 2일 촬영.

오 조 증 경 다 겁 수
吾早曾經多劫修니

불 시 등 한 상 광 혹
不是等閑相誑惑이라

건 법 당 입 종 지
建法幢 立宗旨여

명 명 불 칙 조 계 시
明明佛勅曹溪是로다

내 일찍이 많은 겁 지나며 수행하였으니

부질없이 서로 속여 미혹케 함 아니로다

법의 깃발을 세우고 근본 뜻을 세움이여

밝고 밝은 부처님 법 조계에서 이었도다

송강 해설

선종의(禪宗) 조사들은 모두 돈오돈수(頓悟頓修)를 말씀하셨는데, 거기에는 조건이 있다. 그 대상이 최상근기(最上根機)여야 한다는 것이었다. 최상근기란 오래 수행하여 준비가 거의 완벽하게 된 상태를 뜻한다.

불교에서는 근기(根機)라는 말을 즐겨 쓴다. 타고난 자질이라는 뜻과 비슷한 말로, 부처님이나 큰 스님들의 가르침을 얼마나 정확하게 빠르게 받아들일 수 있는가에 따라 최상·상·중·하의 근기로 구분한다. 근본적 입장 즉 불성(佛性) 또는 청정자성(淸淨自性)의 입장에서는 모든 사람이 평등하지만, 그 불성을 깨달을 수 있는 준비가 어느 정도 되었는가의 입장에서는 엄연히 차이가 있음을 뜻한다. 예컨대 금괴와 금광석의 금 자체는 동질이다. 그러나 광택이 나는 금괴와 용광로에서 나온 금덩어리가 다르고, 채굴된 금광석과 금맥 속의 바위에 섞여 있는 모습은 엄연히 다르다.

불교에서는 근기를 말할 때 과거생과의 연관 관계를 바탕에 깔고 있다. 예컨대 석가모니께서는 수많은 과거생의 수행에 대한 설명을 하셨다. 이 내용이 중심이 된 경을 자타카(jātaka) 또는 본생(本生)·본생경(本生經)·본생담(本生譚)이라고 한다. 수행자가 목숨을 걸고 용맹정진하다 보면 자신의 과거생의 모습을 볼 수 있다. 이 과거의 생에 무엇을 준비해왔느냐에 따라 금생에 태어났을 때의 능력이 달라진다. 일반적으로 확인할 수 있는 경우도 있는데, 흔히 말하는 천재 또는 신동에게서 과거생의 모습을 볼 수 있다. 어떤 아이는 악보를 볼 수도 없는 시기에 배우지도 않은 모차르트의 음악을 피아노로 연주하고, 또 어떤 아이는 배운 일이 없는 경전을 읊조리기도 한다.

영가 선사께서도 자신의 과거생을 보신 분이다. 그렇기 때문에 자신이 금생은 말할 것도 없고 과거생에서도 목숨을 걸고 용맹정진한 결과로 금생에 깨달음을 이루었고, 그것을 조계의 육조대사를 만나 확인했다.

부처님의 삶을 요약하면 수행하여 깨달으셨고, 그 깨달음을 대중들에게 전하셨다. 역대의 모든 선지식들 즉 깨달은 분들도 모두가 부처님의 깨달음을 이었고 또 그 깨달음의 경지인 해탈의 자유와 평화(열반)를 전하려고 노력했다. 육조대사께서 제자들을 지도하신 것도 바로 그 목적이었고, 영가 선사 자신이 증도가를 쓰는 이유도 바로 그런 목적이다.

사성제 등을 설명하시는 녹야원의 부처님. 사르나트박물관. 마투라 양식을 계승한 초전법륜상은 인도불상의 백미라고 할 수 있다. 아래에 5비구 및 야사의 어머니와 누이(左)가 보임.

제일가섭수전등
第一迦葉首傳燈하사

이십팔대서천기
二十八代西天記로다

법동류 입차토
法東流 入此土여

보리달마위초조
菩提達磨爲初祖라

육대전의천하문
六代傳衣天下聞하니

후인득도하궁수
後人得道何窮數아

첫 번째 가섭이 맨 먼저 불법 등불 전해서
이십팔 대까지가 인도에서의 기록이로다
불법이 동쪽으로 흘러 이 땅에 들어옴이여
보리달마존자께서 선종의 첫 조사 되셨도다
육대로 가사를 전함은 천하 사람들 들으니
뒷사람 도 얻은 것 어찌 헤아릴 수 있으랴

송강 해설

선종의(禪宗) 입장에서 부처님 가르침의 정수가 어떻게 전해졌는가를 살펴본 것이다. 부처님께는 수많은 제자들이 있었고, 그중에서 특출한 제자 열 명이 있었다. 그중에서 부처님과 마음이 가장 잘 통했던 제자가 마하가섭존자였다. 그것을 상징하는 사건이 세 번 있었다.

첫 번째는 다자탑전분반좌(多子塔前分半座)이다. 부처님께서 바이샬리(vaiśālī) 다자탑 앞에서 설법하실 때에 가섭존자(迦葉尊者)가 뒤늦게 참석했다. 부처님께서는 그를 불러 앉았던 자리를 나누었다.(『아함경』과 『중본경(中本經)』의 대가섭품(大迦葉品)에 근거)

두 번째는 영산회상거염화(靈山會上擧拈花)로 흔히 염화미소(拈花微笑)라고 표현한다. 영취산

법회에서 부처님께서는 아무 말씀도 없이 꽃을 드셨는데, 대중들은 무슨 뜻인지를 몰랐으나 가섭존자만 그 뜻을 아시고 빙그레 웃었다.(송나라 오명(悟明)이 편찬한 『전등회요(傳燈會要)』에 근거)

세 번째는 니련하반곽시쌍부(泥連河畔槨示雙趺)로 세존이 쿠시나가라(kuśinagara)의 사라쌍수(娑羅雙樹) 아래에서 열반에 드셨는데 가섭존자가 다른 지방에서 소식을 듣고 도착해 보니 입관(入棺) 후였다. 가섭존자가 슬피 우니 세존이 두 발을 관(棺) 밖으로 내보이셨다.(『대열반경』다비품(茶毘品)에 근거)

가섭존자로부터 시작되는 선종의 법맥은 제28대 조사가 되시는 보리달마존자에게까지 이어지고, 보리달마존자는 중국으로 건너오셔서 중국선종의 초조가 되셨다. 그리고 혜가(慧

可)-승찬(僧璨)-도신(道信)-홍인(弘忍)-혜능
(慧能) 선사로 이어졌다.

이 법맥의 정당성으로 가사와 발우를 전하는
전통도 있었는데, 혜능 대사께서는 더 이상 전
하지 않았다고 기록되어 있다.

이것은 중국선종에서 절대적 권위를 갖는다.
물론 다른 종파에서는 또 다른 법맥을 내세운
것도 있다. 그리고 이 법맥에 들어 있지 않은 고
승들도 무수히 많다. 다시 말해 이 법맥에 등장
하는 스님들만 깨달았다고 알고 있으면 오류가
생긴다.

다만 깨달음의 문제는 깨달은 이들이 이심전
심(以心傳心)으로 인정하는 방법 외에는 어떤
자격증 따위가 필요한 것은 아니다. 설사 누군
가 거짓으로 깨달았다고 주장할지라도 그의 언
행을 보면 곧 드러나게 마련이다.

숭산 소림사 서방성인전(西方聖人殿) 안에 있는 벽화.
인도 전법승(傳法僧)들을 그린 것 가운데 일부분.

– 2010년 9월 13일 촬영.

진불립 망본공
眞不立 妄本空이여

유무구견불공공
有無俱遣不空空이라

이십공문원불착
二十空門元不着하니

일성여래체자동
一性如來體自同이로다

참도 설 수 없고 거짓도 본래 공함이여

유무 다 버리니 공하지 않으면서 공하네

스무 가지 공문에 원래 집착하지 않으니

한 성품은 여래의 본체와 스스로 같도다

송강 해설

참(眞)과 거짓(妄)은 상대적으로 만들어진 관념을 표현하는 언어이다. 이것을 깨달음의 경지에서 보면 둘 다 가짜이다. 문제는 깨달음의 경지가 아닌 사람이 본다면 참과 거짓은 분명히 존재하는 것처럼 보인다는 것이다. 온갖 철학이 그러하고 불교의 교학도 그러하다. 그 모든 것들이 깨닫지 못한 사람들을 위한 입장에서 설정된 논리이기 때문이다.

불교를 공부한 지 얼마 되지 않은 사람에게 번뇌 망상이 본래 없는 것이라고 말해주면, 그 말을 들은 사람은 불교공부를 그만두려고 할 것이다. 번뇌 망상이 없는데 수행을 할 필요가 있느냐는 의심이 생길 것이기 때문이다. 그래서 부처님께서는 깨달음의 경지 그 자체를 설명하기보다는 깨달음에 이르는 방법(수행)을 주로 설명하신 것이다.

증도가(證道歌)는 깨달은 경지 자체를 설명하고 있다. 당연히 치열하게 정진하는 수행자들이 마지막 단계에 걸려 있는 것을 뚫어주기 위한 설명이다. 치열하게 수행도 해 보지 않은 이들이 이런 구절들을 들먹이며 깨달은 것처럼 해도 자신의 괴로움에서 벗어날 수 있는 것은 아니다.

깨달음의 경지에서는 참(眞)도 거짓(妄)도 그림자일 뿐이다. 참이라는 관념을 굳게 유지한다고 참이 되는 것도 아니고, 거짓(망상)을 없애려고 해도 없앨 수 있는 것이 아니다. 스스로 만들어낸 그림자이기 때문이다.

있음과 없음의 양극단의 관념에서 벗어나면 공하지 않은 것과 공한 것이 별개가 아님을 안다.

이십 공(二十空)은 『대반야경』에서 설명한

것으로 내공(內空)·외공(外空)·내외공(內外空)·공공(空空)·대공(大空)·소공(小空)·승의공(勝義空)·유위공(有爲空)·무위공(無爲空)·필경공(畢竟空)·무제공(無際空)·산공(散空)·무변이공(無變異空)·본성공(本性空)·자상공(自相空)·공상공(共相空)·일체법공(一切法空)·불가득공(不可得空)·무성공(無性空)·자성공(自性空)을 일컫는다. 이 스무 가지를 다 외우고 설명할 수 있다고 해서 해탈할 수 있는 것은 아니다. 모든 관념으로부터 자유로운 경지에 이르게 하기 위해 설명하려다 보니 만들어진 것들이다.

모든 것들로부터 진정 자유롭게 되면 다시 부처를 찾을 것도 없고 부처가 되려고 할 것도 없다. 그 자리가 곧 부처의 자리이기 때문이다. 본체는 처음부터 다르지 않았기 때문이다.

중국 아미산 보국사(報國寺) 칠불보전(七佛寶殿)의 부처
님들. 어느 부처님이 진짜일까?

　　　　　　　　　　　　　　－ 2013년 4월 1일 촬영.

심 시 근 법 시 진
心是根 法是塵이니

양 종 유 여 경 상 흔
兩種猶如鏡上痕이라

흔 구 진 제 광 시 현
痕垢盡除光始現이요

심 법 쌍 망 성 즉 진
心法雙亡性卽眞이로다

마음은 곧 뿌리이고 법은 바로 티끌이니

두 가지는 마치 거울 위 자국과 같도다

자국인 때 다하면 빛이 비로소 나타나고

마음과 법 다 없어지면 성품 곧 참되도다

송강 해설

인식주체인 마음은 괴로움을 일으키는 작용을 하고, 인식대상인 존재(法)는 맑음을 가려 흐리게 한다. 그렇기 때문에 괴로움으로부터 해탈하기 위해서는 시시각각 다르게 작용하는 그 마음에 집착해도 안 되고, 인식대상인 갖가지 존재에 중심을 두어서도 안 된다. 이 두 가지는 마치 거울을 가리고 있는 때와 먼지와 같은 것이다. 거울에 때가 짙거나 먼지가 가득 쌓이면 거울이 비춰 보여주는 기능을 상실하듯이, 인식작용에 끌려다니고 인식 대상에 집착을 하면 자성자리의 지혜가 빛을 발할 수 없다. 그러니 아무리 많이 알아도 아무리 편리한 것들을 많이 가졌어도 괴로움으로부터 자유롭지 못해 힘들어하는 것이다.

거울에 이물질이 묻어 있다면 닦아내고, 먼지가 묻어 있다면 거울의 본래 효능이 그대로 드러나 앞에 오는 모든 것을 그대로 다 비춰 보여 준다.

청정자성이 거울이라면 때와 먼지에 해당하는 것이 바로 마음작용과 그 대상이다. 그러므로 마음작용에 끌려다니지 않고 대상에도 집착하지 않는다면 곧 자신의 맑은 본성자리를 깨달을 수 있다. 본디 맑고 깨끗한 자성자리를 깨닫고 보면 거기에는 번뇌라고 할 것도 없고, 번뇌가 없으니 괴로움도 없다. 이 경지에 이르면 그것을 본래해탈이라 한다.

눈(雪)이 비록 맑아 보여도 사물을 가리고 있으며, 열매
가 아름답게 보여도 산수유의 본체는 아니다.

차 말 법 오 시 세
嗟末法 惡時世여

중 생 박 복 난 조 제
衆生薄福難調制라

거 성 원 혜 사 견 심
去聖遠兮邪見深하여

마 강 법 약 다 원 해
魔强法弱多怨害로다

말법 슬퍼하고 만난 세상 미워함이여

중생들의 복 엷어 조복받기 어려워라

성인 가신 지 오래고 삿된 견해 깊어서

마는 강하고 법 약해 원한 해침 많도다

송강 해설

말법(末法)이란 마음공부하기에 가장 어려운 시기를 가리키는 말이다. 어쩌면 좋은 환경이 사람의 마음을 편안하게 해 주기도 할 것이다. 그러나 근본 문제를 해결해 주진 않는다. 왜냐하면 환경(여건) 자체가 모든 사람에게 행복 또는 해탈을 주지는 않기 때문이다.

자신의 불행이나 괴로움을 환경 또는 여건 탓을 하는 이들이 있다. 이들은 모든 원인이 물질적 환경이나 주위의 사람들에게 있다고 생각한다. 그러니 스스로를 돌아보지 않고, 돌아보지 않으니 고치지도 않는다. 독감에 걸렸는데 계절 탓을 한다거나 또는 독감 옮긴 사람을 미워하며 치료를 하지 않는다면 결국 자신만 힘들 뿐이다.

마음공부하는 데는 별도의 때가 없다. 왜냐하면 어느 때만 마음작용이 일어나 그때만 괴롭게 하는 것이 아니기 때문이다. 뿐만 아니라 시대가 마음공부를 시켜주는 것도 아니다. 그런 공부를 하는 단체에 속해 열심히 노력하면 도움이 되겠지만 결국 자신의 노력으로 해탈하는 것이다. 하지만 사람에 따라 이런 가르침을 받아들이는 데도 차이가 있다. 잘 받아들이지 않고 부정만 하는 사람은 현재의 마음상황이 탁한 것이다. 그것을 박복(薄福)하다고 한다. 복이 엷다는 것은 가난을 뜻하는 것이 아니라 마음상태가 탁하거나 부정적이라는 말이다. 이런 사람은 당연히 선지식의 가르침을 잘 받아들이지 않고 실천하지 않기에 지도하기에도 어려움이 있다. 이런 사람일수록 대개 선지식이 솜씨 없어 자신을 구해 주지 못한다고 탓을 한다.

부처님과 함께 살았어도 불평을 일삼다가 떠난 제자가 있고 오늘날에도 깨닫는 사람은 있지만, 요즘은 재미난 것과 쾌락적인 것이 너무 많아서 거기에 빠져 있느라 자기 마음을 돌보지 않는 이들이 더 많다. 결국 그 재미난 것과 쾌락적인 것이 끝날 때쯤 황폐해진 마음에 괴로움만 가득할 뿐이다.

지금 당장 돌이켜 자기 마음을 살피지 않으면 결국 후회하게 된다.

이 화려한 곳에 사는 사람들은 다 행복할까?
　　－ 2019년 10월 1일 복건성 안계(安溪)의 야경을
　　　　　　　　　　　　　　　　　　촬영한 것.

문설여래돈교문
聞說如來頓教門에

한불멸제령와쇄
恨不滅除令瓦碎로다

작재심 앙재신
作在心 殃在身이여

불수원소갱우인
不須怨訴更尤人하라

욕득불초무간업
欲得不招無間業인댄

막방여래정법륜
莫謗如來正法輪이어다

여래의 몰록 깨닫는다는 법문을 듣고서
기왓장 부수듯 하지 못함 한탄하였도다
지음은 마음에 있으나 재앙 몸에 있나니
원망하고 하소연하거나 남 허물치 말라
무간지옥의 업보를 부르지 않으려거든
여래의 바른 법륜을 비방하지 말지어다

송강 해설

부처님께서 성불하시어 모든 이들이 몰록 깨달음에 이르는 가르침을 펼치셨다. 그러자 마왕이 부처님의 가르침을 훼방하여 기왓장 부수듯 없애버리지 못함을 한탄하였다고 한다.

누구나 몰록 깨달을 수 있다는 법문을 들으면, 말도 되지 않는다며 비난을 일삼는 이들이 어느 시대이건 있다. 그러면 누가 괴로울까? 정법을 따르고 깨달음에 이른 이들은 괴로워지지 않는다. 이미 모든 괴로움으로부터 자유롭게 되었기 때문이다. 하지만 비난을 일삼는 사람들은 그 마음이 점차 한탄으로 가득 차게 되고 결국 점점 더 괴로움이 커지게 된다.

이것이 꼭 부처님의 정법을 훼방하는 데만 해당되겠는가. 타인이나 환경 등을 미워하거나 탓

하면 그 대상이 괴로워지는 것이 아니라, 그렇게 하는 자신이 괴로워진다. 그러므로 괴로움에서 벗어나려면 그런 행위를 멈춰야만 한다.

쉴 틈도 없이 괴로움이 지속되는 것이 무간지옥의 업보이다. 이것은 꼭 죽어 지옥에서 받는 고통을 뜻하는 것이 아니다. 쉼 없는 괴로움에서 해탈하려면 방법은 간단하다. 부처님의 바른 가르침을 받아들이는 것이다. 다시 말해 자신 안에 본래 맑고 밝은 지혜가 충만함을 깨달아야 하는 것이다. 그렇게 되면 스스로 모든 괴로움으로부터 해탈해 버리는 것이니, 무간지옥 따위를 두려워할 까닭이 없는 것이다.

지헌 김기철 선생의 흙장난. 귀를 가리고 입을 가리며 눈을 가린 원숭이 세 마리. 장작가마 1350도에서 구워 냄. 보고 듣고 말하는 것으로부터 자유롭게 되라는 상징 으로 많이 활용됨.

전단림 무잡수
梅檀林 無雜樹하니

울밀심침사자주
鬱密深沈師子住라

경정림한독자유
境靜林閒獨自遊하니

주수비금개원거
走獸飛禽皆遠去로다

전단향 나무숲에는 잡나무가 없나니

울창하고 깊숙하여 사자가 머무르네

경계 고요하고 숲 한가해 홀로 노니니

길짐승과 나는 새 모두 멀리 사라지네

송강 해설

경전에서 가장 좋은 향을 일컬을 때 주로 전
단향(栴檀香)이나 침향(沈香)을 예로 들었다.
물론 용수(龍樹)보살은『대지도론(大智度論)』
에서 침향을 '향의 왕'이라고 설명했고, 현재
에 와서는 침향이 최고의 향이라고 정리되었
다. 그중에서도 최상품을 일본에서는 가라(伽
羅きゃら)라고 일컫는데 이는 범어 까알라아구
루(kālāguru. 黑沈香)에서 비롯된 것으로 보이
며, 중국에서는 옛날부터 기남향(奇楠香, 琪南
香)이라고 했다. 가라와 기남은 같은 향을 가리
키며 극품향(極品香)이다. 현재 전단향은 주로
조각용으로 많이 활용되나 귀해서 진품을 만나
기 쉽지 않다. 다만 그 향이 강해서 향을 만들
때 약간 섞어 선향을 만들기는 하지만, 단독으

로 향을 만들어 피우는 경우는 드물다.

여기서 전단향을 예로 든 것은 최고의 경지를 일컫는 용어로 보면 된다. 그러므로 '전단향 숲에 잡나무가 없다'고 함은 최고의 경지에 이른 이들 사이에서는 잡스러운 사람이 끼어들 틈이 없다는 것이기도 하며, 최고의 경지에는 더 이상 번뇌 망상 따위가 없음을 뜻하기도 한다. 그 경지라고 하는 것은 울창하고 깊은 숲과 같아서 일반인들은 짐작할 수도 없고 또한 쉽게 들어가지도 못한다. 그러므로 사자와 같이 두려움이 없는 존재라야만 머물 수 있는 자리라고 하는 것이다. 다시 말해 모든 것으로부터 해탈한 사람이 머무는 자리라는 뜻이다.

그 경지란 어떤 것인가. 이미 모든 것으로부터 고요해진 자리이고, 고요한 경지이기에 어떤 상황에서도 한가로운 것이다. 그 경지에 이른 사람은 이미 모든 것으로부터 자유롭기에 무엇에도 의지하지 않고 홀로 노닌다. 홀로 노닐기에 그를 구속할 것은 더 이상 아무것도 존재하지 않는다. 그러므로 길짐승 같은 번뇌도 날짐승 같은 망상도 이미 멀리 사라져 버린 상태인 것이다.

침향 중에서 극품인 기남향으로 조각한 관음보살상. 상
해에 거주하는 장 추앙(張闖-장 틈) 작가가 조각한 것.
개화사 소장.

사 자 아　중 수 후
獅子兒 衆隨後여

삼 세 변 능 대 효 후
三歲便能大哮吼로다

약 시 야 간 축 법 왕
若是野干逐法王인댄

백 년 요 괴 허 개 구
百年妖怪虛開口로다

사자새끼를 무리들이 뒤를 따름이여

세 살에 곧 능히 크게 포효를 하도다

만약 여우가 법왕을 쫓아내려 한다면

백년 요괴 헛되이 말로 떠드는 격이다

송강 해설

유유상종(類類相從) 즉 비슷한 무리끼리 어울린다는 말이 있다. 세상에는 이미 모든 것이 다 갖추어져 있지만, 사람들은 대개 자신이 좋아하는 것만을 취한다. 마찬가지로 세상에는 온갖 가르침이 이미 갖추어져 있고 깨달음에 이르는 길도 정리되어 있지만, 사람들은 자신이 좋아하는 수준에만 머물려는 경향이 있다. 그렇게 함으로써 끝내 흔들리지 않는 행복 또는 편안함에 도달한다면 그것이 최선의 길일 수도 있다. 하지만 대개는 쉬운 길만을 택한 사람들일수록 후회하는 것을 볼 수 있다.

사자는 어려도 사자다. 여우는 아무리 자라도 사자가 되는 것이 아니다. 청정자성(또는 진여자성, 불성)은 아직 깨닫지 못했어도 청정자성

이며 부처가 되는 확실한 보물이다. 세상의 온
갖 지식은 꾀 많은 여우와 같아서 이리저리 세
상을 살피며 살아가는 데는 참 편리한 듯하지
만, 그것은 여우종자라서 아무리 자라도 사자가
될 수 없다. 부처성품(佛性)을 갖춘 중생은 아
직 깨닫지 못했어도 미래의 부처이다. 마치 갓
태어난 사자가 비록 큰 짐승을 상대하긴 힘들어
도 잘 자라면 반드시 백수의 왕이 되듯이, 중생
도 자신에게 부처성품이 있음을 확신하고 부지
런히 수행해서 그 부처성품과 하나가 되면 바로
부처가 되는 것이다. 이 부처성품과 하나 되는
것을 견성(見性)이라고 한다.

선문답(禪問答) 또는 선어록(禪語錄)을 자신
의 지식수준에서 이해하는데 만족하는 이들이
있다. 하지만 이해하는 것은 깨달음과는 완전히
다르다는 것을 알아야 한다. 사자의 포효는 사

자라야 낼 수 있다. 사자새끼가 자라면 사자의 포효를 내지를 수 있지만, 여우나 늑대가 어른이 된다고 사자의 포효를 할 수는 없다. 깨달은 이는 누구나 해탈에 이르고 해탈의 언어를 구사하지만, 지식을 축적한 이나 견성을 이해한 이는 해탈의 언어를 구사할 수 없다. 다만 남의 언어를 훔쳐서 흉내를 내는 것이다.

만약 꾀 많은 자가 깨달은 이를 모함하여 쫓아내고 자신이 존경을 차지하려고 한다면, 잠시는 가능할지 모르지만 끝내는 자신의 본색이 드러나는 법이다. 여우가 사자의 가죽을 뒤집어쓰고 뭇 짐승들을 겁줄 수는 있어도, 소리를 내는 순간 가짜임이 드러나서 오히려 곤욕을 당하게 될 것이다.

인도 바이샬리 대림정사 터의 불탑을 지키는 아소카대
왕 석주 위의 사자상. 사자는 부처님을 상징하기도 함.

– 2017년 2월 18일 촬영.

원돈교 물인정
圓頓敎 勿人情이니

유의불결직수쟁
有疑不決直須爭이어다

불시산승령인아
不是山僧逞人我라

수행공락단상갱
修行恐落斷常坑이니라

원만하고 몰록 깨닫는 가르침엔 인정이 없으니

의심이 있어 해결하지 못했거든 바로 따져보라

산승이 아상과 인상을 드러내려는 것이 아니라

수행하다 단상의 구덩이 떨어질까 염려함이니라

송강 해설

불교가 다른 종교와 차이가 나는 것은 스스로가 수행해서 부처가 된다는 것이다. 불교는 부처님을 쳐다보며 구원해 달라는 종교가 아니다.

어떻게 스스로 부처가 되는가.

부처님의 일대기를 보면 싯다르타는 당시의 대표적인 수행법을 두루 체험했다. 고행자들을 찾아가 그들의 고행 목적이 무엇인지를 물었다. 그들의 답은 고행으로 업을 소멸하여 다음 생에 천상에 태어나기 위함이라는 것이었다. 이미 왕궁의 쾌락이라는 삶을 살아본 싯다르타는 그것이 해탈과는 아무 상관이 없음을 알고 있었기에 미련 없이 그 자리를 떠났다.

이어 요가명상의 대가인 알라라 깔라마(Ālāra Karāma)와 웃다까 라마뿟다(Uddaka

Rāmaputta)를 찾아가 무소유처정(無所有處定)과 비상비비상처정(非想非非想處定)의 경지에 도달했지만 그것은 해탈이 아님을 스스로 알고 그곳도 떠났다. 이어 고행림(苦行林)에서 6년간 죽음 직전에 이를 정도의 고행을 했지만 역시 깨닫지 못하자 그만두었다. 그리고 장소를 보드가야의 보리수 아래로 옮겨 궁극에 이르러 문득 깨달았다.

깨달음에 이르신 후 싯다르타는 스스로 부처가 되었음을 선언하셨다. 그리고는 모든 이들이 자신과 동일한 자격을 갖추었음을 설파하셨다. 동일한 자격이란 곧 불성(佛性)을 가리킨 것이며, 그 불성은 이미 각자에게 있음도 가르쳐주셨다. 그래서 부처님은 항상 자신을 보라고 말씀하셨다. 이것을 후대 선종에서는 견성성불(見性成佛) 즉 자신의 불성과 만나 하나 되는 것이 성불(成佛)임을 선언했는데, 부처님 가르침의 핵심을 곧바로 가리킨 것이다. 이것이 '원만하고 몰록 깨닫는다는 가르침'인 원돈교(圓頓敎)이다.

그런데 이 가르침은 이해의 문제가 아니다. 감정이나 정서 혹은 지식 고요함 등으로 접근할 수 있는 것이 아니다. 이 모든 것을 초월할 수 있어야 비로소 가능한 것이다. 아무리 오래 공부했어도 자신에게 의심이 남아있다면 깨달음이 아니다. 두려움이 남아있다면 더 말할 가치도 없다. "바로 따져보라"는 그 상황이 진정한 깨달음이 아님을 알아야 한다는 뜻이다.

수행자가 수행을 포기하여 깨달음에 이르지 못하는 경우를 크게 두 가지로 볼 수 있다. 바로 존재에 대한 두 가지 잘못된 견해이다. 하나는 죽으면 모든 것이 사라져 버린다는 단멸의 견해이다. 흔히 무아(無我)를 잘못 이해하면 이 단견(斷見)에 떨어진다. 또 하나는 현재 자기가 생각하는 자기 존재(영혼 포함)가 연기적 존재임을 모르기에 영원할 것이라고 착각해 버리는 상견(常見)에 떨어진다. 이 두 가지는 모름지기 초월해야 할 구렁텅이(함정)이다.

무엇이 보이는가. '동양의 피카소'라 불리었던 고 하반영 (河畔影) 화백의 작품 '마하'. 개화사 소장.

비불비 시불시
非不非 是不是여

차지호리실천리
差之毫釐失千里라

시즉용녀돈성불
是則龍女頓成佛이요

비즉선성생함추
非則善星生陷墜로다

그름과 그릇되지 않음, 옳음과 옳지 않음이여

터럭 끝만큼 어긋나도 천리가 잘못되어 버린다

옳은즉 용의 여인이 순식간에 부처 이루었고

그른즉 선성비구가 산 채로 지옥에 떨어졌도다

송강 해설

불교 공부하는 이들이 가장 많이 듣는 말이 옳고 그름을 벗어나라는 말이다. 일반적인 옳고 그름은 대부분 각자의 손익계산이나 일반적인 질서를 위해 규정지어진 옳고 그름이기 때문이다. 이러한 옳고 그름은 늘 괴로움을 만든다.

예컨대 잘못된 행위로 인해 괴로움을 만드는 이들에게 그 괴로움을 발생시키는 행위를 그만두게 함으로써 해탈의 길로 나아가게 하려고 가르쳐 주는 것이 계율이다. 이것은 도덕적 잣대로 만들어 놓은 것이 아니다. 해탈로 나아가는 길에 요긴한 안내도와 같은 것이다. 그러니 스스로 계율이라는 안내도를 잘 활용하면 해탈의 길로 빠르게 나아갈 것이고, 무시하면 스스로 해탈로부터 멀어지면서 괴로움으로 떨어지게 되는 것이다. 그런데 만약 누군가가 타인이 계율을 어겼다고 맹렬하게 화를 내며 공격하고 있다면, 화를 내는 자신이 먼저 괴로움에 떨어져 버린 것이다. 계율을 만든 목적에 완전 어긋나는 행위를 한 셈이다. 세상에는 이런 이들이 참 많다. 결국 스스로가 더 문제라는 것을 모르고 있다는 뜻이다.

그럼 옳고 그름 따위를 완전 무시하고 제 마음대로 살아도 좋을까? 이것은 더 큰 괴로움을 만드는 것이므로 아주 위험하다.

깨닫기 이전의 옳고 그름은 항상 어느 한쪽에 치우친다. 자신의 어리석음과 욕망으로 손익계산을 하면서 내린 옳고 그름의 판단은 중도정견(中道正見)이 아니다. 연기적(緣起的) 통찰도 없고 인과(因果)의 원리도 살피지 못한 옳고 그름은 항상 그 행위가 괴로움을 초래한다.

불교에서의 옳음은 해탈과 깨달음으로 향하는 것을 일컫는 것이고, 불교에서의 그름은 해탈과 깨달음으로부터 멀어지는 것을 가리킨다. 그런데 자신이 지혜롭지 못하면 옳고 그름 자체를 가리기 어렵다. 그래서 일견 옳은 것 같은데 결과가 크게 잘못되는 경우가 있고, 당장은 그른 것 같은데 결과가 아주 좋게 되는 경우가 생기는 것이다. 바로 그 시작에 지혜와 번뇌의 차이가 있었기 때문이다. 지혜와 번뇌는 시작할 때는 비슷해 보이거나 오히려 반대로 보이기도 한다.

용녀성불(龍女成佛)은 『법화경』 「제바달다품」에 나오는 예화이다. 옛날 영산회상에서 용녀가 부처님께 보배구슬을 공양 올리자 부처님께서 설법을 해 주셨고, 설법을 들은 용녀가 깨달아 화선여래(花鮮如來)가 되었다는 내용이다. 비록

'암컷 축생의 몸(龍女)'이었으나 바른 지견으로 깨달음을 이루어 성불했다는 것은, 본디 자기 불성(佛性)에는 축생도 여인도 없다는 뜻이다. 창녀는 성불할 수 없을까?

선성생함(善星生陷)은 『열반경』 「가섭보살품」에 나오는 예화이다. 옛날 선성이라는 비구가 있었는데, 수많은 경전을 다 외워서 사람들에게 설명하곤 했지만, 깨달음을 이루지 못한 상태에서 잘못된 견해로 불성도 보지 못하고 어긋나게 가르치고 행동했기에 산 채로 지옥에 떨어졌다는 내용이다. 이는 아무리 지식이 많고 말을 잘해도 깨닫지 못한 언행은 결국 어리석은 번뇌인 것이며, 그 결과는 곧바로 괴로움(지옥)에 떨어진다는 것을 뜻한다. 모든 종교지도자 또는 수행자와 불교학자들은 정말 자유롭고 행복할까?

부처님께서 즐겨 머무셨던 영취산의 여래향실(如來香室)에서 기쁨의 기도를 하는 불자들. 하지만 이곳을 관리하는 아랫마을의 힌두교신자(오른쪽에 걸터앉은 이)는 불자들이 놓는 보시금을 보고 좋아한다. 영취산은 아랫마을 힌두교도들의 주된 수입원이다.

– 2017년 2월 17일 일몰시에 촬영.

오조년래적학문
吾早年來積學問하고

역증토소심경론
亦曾討疏尋經論이라

분별명상부지휴
分別名相不知休여

입해산사도자곤
入海算沙徒自困이로다

내 어릴 적부터 이론을 배워 지식을 쌓았고

또한 경전 해석 탐구하며 경론을 살폈었다

이름과 모양을 분별하며 쉴 줄 몰랐음이여

바다 모래 헤아리듯 헛되이 피곤할 뿐이었다

송강 해설

수많은 경전을 탐독하고 이런저런 해석을 비교하고 분석하며 세월을 보내면서 이론 공부와 지식 쌓기에 젊음과 열정을 쏟은 것이 부질없는 일이었다고 말하는 이들이 있다. 이들은 누구보다도 더 적극적으로 바로 그런 생활을 한 이들이었다. 그런데 왜 이들은 자신이 한 일이 부질없는 일이었다고 말하는 것일까?

여기 두 부류의 사람이 있다.

한 부류는 학문을 탐구하고 지식을 축적한 것을 아주 자랑스럽게 여기면서 평생 그것을 되뇌며 산다. 그들은 타인들에게 대단히 존경스러운 대상이다. 유식하기 때문에 입만 열면 금과옥조 같은 말들이 쏟아져 나오기 때문이다. 하지만 그들 자신도 대개는 자신이 하는 말이 빌려 온 것임을 잘 안다. 그래서 앞으로 나갈 생각을 하지만 자신이 쌓아놓은 것이 아까워서 떠나질 못한다. 딱 거기까지가 그 부류의 한계이다. 하지만 이 부류는 감성팔이나 하는 사기꾼들보다는 훨씬 나은 편이다. 그러니 멍한 상태에 떨어져 있거나 감성팔이나 하는 이들보다는 교학을 탐구하는 이들이 훨씬 나은 것이다.

다른 한 부류는 자신이 목숨을 걸고 탐구한 것들이 설사 팔만대장경이라 할지라도 자신의 경지가 아니면 거기에 머물지 않는 이들이다. 자신의 모든 문제를 다 해결하고 자유로워질 때까지 끝없이 나아가고 상승한다. 그들은 그 지식과 학문을 분별하고 따지는 것이 무엇보다도 자신을 피로하게 함을 알기 때문이다. 자유를 위해 시작한 길이 자유를 속박하는 곳에서 멈춰버린다면, 산 정상에 오르려고 떠났으나 숲속에 머물러 버린 것과 같다. 모름지기 산 정상에 올라 한눈에 살펴보아야, 산도 분명하고 들도 분명하며 하늘도 분명해질 뿐만 아니라 자신도 분명해지는 것이다.

개화사 무량수전 내의 법보단. 내가 1981년부터 1985년
까지 여름방학과 겨울방학 동안에 몸과 마음 다해 탐구
했던 대장경이다. 겨울방학 때는 영하 15도의 기숙사 냉
방에서 목숨을 걸고 탐독했었다. 이보다 더 자세한 안내
도나 설계도를 아직 보지 못했다. 하지만 건축도 스스로
해야 했고 목적지까지 가는 것도 직접 해야 했다.

각 피 여 래 고 가 책
却被如來苦呵責하니

수 타 진 보 유 하 익
數他珍寶有何益가

종 래 층 등 각 허 행
從來蹭蹬覺虛行하니

다 년 왕 작 풍 진 객
多年枉作風塵客이로다

도리어 여래의 호된 꾸지람을 들었으니

남의 보배 세는 것 무슨 이익 있겠는가

이제껏 비틀댐 헛된 수행임을 깨달으니

여러 해를 잘못해 어지러운 나그네였네

송강 해설

출가자는 학문의 축적을 목적으로 수행하지는 않는다. 그렇다고 교학을 연마하지 않는다는 말은 아니다. 사실 교학을 탐구하다 보면 재미있다. 영역을 넓혀가는 것은 비록 그것이 이론이기는 하지만, 깊고 넓어질수록 재미도 커지기 때문에 계속하게 된다.

나는 어린 시절에 선사들을 만나 선(禪)을 수행의 근본으로 생각하고 일상생활 모든 행위에서 화두 참구를 했었다. 그러다가 일단 팔만대장경을 섭렵해 봐야겠다고 생각하고는 수년에 걸쳐 실행에 옮겼는데, 바로 그 팔만대장경 자체를 명백하게 이해하기 위해서 각종 교학을 파고들었다. 구사학, 유식학, 중관학, 인명학, 반야학, 법화 천태학, 화엄학 등을 연구했다. 심지어 교리발달사와 인도불교사와 중국불교사 및 한국불교사까지 거의 훑었다. 아울러 일본과 중국 전문가들의 논문까지 섭렵하며 스스로 만족할 때까지 연구한 후 팔만대장경을 살폈더니 대부분의 경론이 거의 이해되었다. 하지만 이해는 해탈과 거리가 멀었다. 마지막까지 남는 의심은 결국 교학으로 해결되는 것이 아니라 내 스스로 삼매의 힘으로 타파해야만 했다.

보석감정사로 일하는 이는 매일 엄청나게 비싼 보석들을 감정할 것이다. 하지만 그 어떤 보석도 자기의 것이 아니다. 자기가 열심히 벌어서 작은 보석이라도 구입했을 때 비로소 자기의 것이 되는 것이다. 교학을 연구한 것도 그와 같아서 교학에서 말한 경지가 자기의 것이 아니다.

젊은 시절의 수행은 대개 비틀대기 마련이다.

정확한 방향과 자기 안목 너머의 것을 아직 모르기 때문에 생기는 일이다. 싯다르타도 무수한 세월을 그렇게 지냈다. 마지막 6년 고행까지도 잘못된 방향이었음을 뒤늦게 깨닫고 과감히 버리고 그 자리를 떠났다. 그러므로 파키스탄 박물관에 있는 '고행상(苦行像)'은 부처의 상이 아니다. 이윽고 싯다르타가 보리수 아래 깨닫고 난 뒤에는 더 이상 수행할 것이 없었다. 수행이란 깨닫기 위한 노력을 일컫는 것이지 깨닫고 난 후에도 하는 것이 아니다. 깨닫고 난 후에는 자유자재한 삶이 있을 뿐이다.

깨달은 이들도 깨닫기 전에는 모두 방황했고 비틀거렸다. 만약 거기서 멈췄으면 어리석은 중생으로 남았을 것이다. 그러나 어둠 속의 방황을 끝내고 깨달았기에 해탈의 자유와 지혜의 경지에 이른 것이다.

혼신의 힘을 다해 정진해도 내 근본 문제에 대한 의심이 걷히지 않던 때가 있었다. 1980년 겨울 부산 영도 바닷가 바위에서 화두 참구를 하던 모습을 도반이 촬영해 준 사진.

종 성 사 착 지 해
種性邪 錯知解여

부 달 여 래 원 돈 제
不達如來圓頓制라

이 승 정 진 물 도 심
二乘精進勿道心이요

외 도 총 명 무 지 혜
外道聰明無智慧로다

타고난 성품 삿되어 알음알이 그릇됨이여

원만하고 빠른 여래의 법 깨닫지 못하네

성문 연각의 정진은 도에 대한 마음 없고

깨침 밖 공부하는 이 총명하나 지혜 없네

송강 해설

모든 사람은 근본적으로 평등하다. 청정자성 (淸淨自性)의 자리에 국한해서 언급하자면 그렇다는 것이다. 그러나 현재의 심적 상태와 수행할 수 있는 자질로 보자면 사람들은 모두 다르다.

깨닫기 전이라고 할지라도 누구나 부처성품 (佛性)이 있기 때문에 그 자리로 보자면 본래성불(本來成佛)이라고 한다. 이는 모든 이들의 성불할 가능성을 말한 것이다. 하지만 대부분의 사람들은 본래성불의 불성자리와는 멀리 떨어져 있는 경지이다. 바로 그 경지를 두고 '타고난 성품' 즉 종성(種性)이라고 한다. 현재 상황이 그렇다는 것이지 불변의 운명이라는 뜻으로 사용되는 구분은 아니다.

중생이라고 할 경우는 현재의 자질이 어리석고 정법과 거리가 있다는 뜻이다. 이렇게 자질이 삿될 경우는 알음알이(知解−정보, 지식)가 잘못되어 있다. 그렇기 때문에 부처님의 가르침을 만나도 잘못 해석하거나 엉뚱하게 받아들인다. 더더군다나 우리가 본래 원만한 자질을 지녔기에 곧바로 깨달을 수 있다는 말을 들으면 비웃기나 한다. 그래서 노력해 깨달으려는 것이 아니라 어리석은 그 상태로 부처라고 착각하거나 또는 말도 안 되는 소리라며 비방하는 데에 열심이다. 착각해 수행하지 않거나 비방하거나 결국 자신만 손해다.

불교를 학문적으로 배우는 데 목적을 둔 사람은 이론을 습득하는 데 노력을 기울이고, 연기의 이치를 터득하여 홀로 고요하고 편안코자 하는 이는 한적한 곳에서 정진하길 즐긴다. 이들의 노력 역시 만만한 것은 아니로되 완벽한 깨달음을 이루고자 하는 원력이 없기에 중도에서 멈추게 된다.

다른 종교를 공부하는 이나 철학을 하는 사람들도 불교에 관심을 가지고 공부하기도 한다. 이들의 논리적 설명은 이론을 추종하는 사람들에게는 불교에 대단히 깊은 듯이 보이기도 한다. 그러나 실제 수행이 없이 이론만 쌓은 것이라서, 그 이론을 매우 유식하게 전개하기는 하는데 결국 자기 살림이 되질 못한다. 수행으로 터득한 것이 아니니 지혜를 자유자재 활용하지는 못하기 때문이다. 그래서 여전히 자신의 괴로움에는 속수무책이다.

2017년 2월 17일 보드가야 마하보디 사원에서 새벽기도
를 올릴 때 우리 일행 속으로 개 한 마리가 들어와 앉았
다. 기도를 마치고 내가 대중들에게 간단한 법문을 할
때에도 이 개는 마치 법문을 알아듣는 듯 꼼짝도 하지
않았다. 매우 기특하기는 하나 깨달음의 원력을 세웠다
고 할 수 있을까?

역 우 치 역 소 애
亦愚癡 亦小騃하니

공 권 지 상 생 실 해
空拳指上生實解라

집 지 위 월 왕 시 공
執指爲月枉施功하고

근 경 법 중 허 날 괴
根境法中虛捏怪로다

어리석기도 하고 철없는 아이 같아서

빈주먹 안에 무엇이 있다고 생각하네

손가락을 달로 집착해 잘못 노력하니

근 경 법 중에 헛되이 꾸며 의심하네

송강 해설

부처님께서 말씀해 주신 것들은 모두 깨닫게 하기 위한 것이다. 당신께서 말씀하신 그 말씀이나 이론을 진리라고 떠받들라는 것이 아니었다. 하지만 부처님의 근본 마음을 곧바로 알지 못하고 그 말씀을 따라가 버린다.

예컨대 '네 가지 성스러운 이치'라는 사성제(四聖諦)도 괴로움(苦)·괴로움의 원인(集)·괴로움의 소멸(滅)·괴로움을 소멸하는 길(道)이라고 외우고 있거나, 갖가지 괴로움의 종류를 파악하고 있으라는 뜻이 아니다. 괴로움을 소멸하는 방법(道)대로 실천해서 괴로움이 소멸된 해탈의 경지(滅)에 이르러 자유자재하게 살라는 뜻이다. 그럼에도 고집멸도(苦集滅道)나 팔정도(八正道)만 이해하고 외우고 있다면 부처님의 뜻과는 거리가 먼 것이다.

지도를 보고 미리 목적지에 이르는 방법을 잘 알았다고 해도 실제로 가지 않으면 소용없다. 요즘은 내비게이션에서 길 안내에 따라 미리 목적지까지 가는 것을 진행해 보이기도 한다. 하지만 이것을 수백 번 되풀이해서 외울 정도가 되어도 움직이지 않았다면 목적지는 아득할 뿐인 것이다. 이것을 일컬어 어리석다고 했고 철없는 어린아이 같다고 한 것이다. 어른이 어리석은 것을 우치(愚癡)라고 하고, 어린아이가 철이 없어서 어리석은 것을 소애(小騃)라고 한다.

공권지상(空拳指上) 즉 빈주먹이란 바로 그 이론이나 지도 또는 내비게이션을 가리키는 것으로, 그것 자체는 실제가 아니라는 뜻이다. 그럼에도 그것을 실제인 듯 착각해서 외우고 가르치며 만족해 버리는 것이다.

대장경에는 깨달음 자체가 없다. 그럼에도 근본불교니 대승불교니 하며 나누고 옳고 그름을 따지느라 세월 가는 줄을 모른다. 깨끗한 손가락이건 때 묻은 손가락이건 달을 가리키는 용도는 같은 것이고, 다이아몬드 반지를 끼었건 아무것도 끼지 않았건 손가락은 달이 아니다.

그러니 여섯 가지 인식 기관(六根)이나 여섯 가지 대상(六境) 및 여섯 가지 인식주체(六識) 등으로 분석하는 것은 중생의 번뇌 망상을 이해시켜서 그로부터 벗어나게 하려는 데 목적이 있었던 것인데, 그것이 진짜인 줄 알고 집착하고 있다면 해탈과는 거리가 멀 뿐만 아니라 더욱 병을 키울 뿐이다.

비록 수많은 보물을 소장하고 있는 라싸(Lasa)의 포탈
라 궁이라고 할지라도, 달라이라마 존자님 계신 다람살
라 남걀 사원(Namgyal Gompa)만 하겠는가.

불견일법즉여래
不見一法卽如來니

방득명위관자재
方得名爲觀自在라

요즉업장본래공
了卽業障本來空이요

미료환수상숙채
未了還須償宿債로다

한 법도 볼 수 없는 것이 곧 여래이니

바야흐로 그 이름을 관자재라 하도다

깨달아 마치면 업의 장애 본래 공하고

깨닫지 못하면 묵은 빚 갚아야만 하네

송강 해설

법(法)이란 제법(諸法)이라고 할 때처럼 '존재'라고 해석할 수도 있고, 또 불법(佛法)이라고 할 때처럼 '진리에 대한 가르침' 또는 '진리에 대한 이론'이라고 해석되기도 한다.

하나의 법도 볼 수 없다고 하는 것은 의지할 대상으로서의 어떤 존재도 없고 또 따라야 할 어떤 가르침이나 이론이 없는 경지를 말한다.

일반 사람들은 물질적인 존재나 갖가지 정보나 지식을 의지하며 살아간다. 하지만 물질적 존재란 늘 변해가는 무상한 것이라서 잠깐 즐거움을 주다가도 곧 슬픔이나 안타까움의 대상이 되고 만다. 한편 수행을 하는 사람들은 성현의 가르침을 의지해 살아간다. 어떤 경우는 그 가르침을 알고 있는 자신을 대견스럽게 생각하며 마치 그 경지에 이르렀다고 착각을 하기도 한다. 하지만 무언가에 의지한다는 것은 아직 해탈의 경지가 아니라는 뜻이다.

만약 그 무엇에도 의지하지 않는다면 바로 그것이 해탈이다. 해탈에 이른 사람은 자유자재하게 살필 수 있는데, 그 경지가 관자재이다.

해탈한 사람은 해탈하기 전의 과거에 자기가 무슨 일을 했건 거기에 얽매이지 않는다. 그러므로 어떤 일을 했었건 그 일이 장애가 되지 않는다. 바로 눈앞에 어떤 일이 일어나건 바로 그것을 정확히 살피고(觀自在) 가장 적절하게 풀어간다. 그것이 중도의 경지이기도 하다.

하지만 해탈하지 못한 사람은 자신이 최고의 연구를 했더라도 그 연구에 얽매일 수밖에 없다. 세계적인 학자가 된다 할지라도 그 배운 것으로 생을 보낼 수밖에 없을 것이다.

40대까지 문둥병 환자였던 한 남자가 2조 혜가 대사를 만난 후 깨달음에 이르자 문둥병도 나았다. 그가 3조 승찬대사이다. 중국 삼조사(三祖寺)에 모셔져 있는 삼조 승찬(僧璨) 대사 진영비.

기봉왕선불능손
飢逢王膳不能飡이니

병우의왕쟁득차
病遇醫王爭得差아

재욕행선지견력
在欲行禪知見力이여

화중생련종불괴
火中生蓮終不壞로다

굶주리다 왕의 수라 만났으나 먹지를 않으니

병들어 의왕 만난들 어찌 나을 수 있겠는가

욕망 속에서도 참선 수행하는 지견의 힘이여

불 속에서 연꽃 피우니 끝내 시들지 않는구나

송강 해설

　사람들은 괴롭다고 하면서도 그 괴로움으로 부터 벗어나는 해탈의 방법을 일러줘도 실천하지 않는다. 그래서 한탄과 후회와 원망의 삶이 되풀이된다. 그러니 현실 속에서 고통의 생활을 되풀이하는 윤회의 삶을 이어가는 것이다. 이것은 마치 며칠을 굶주리던 사람이 임금의 수랏상을 받으면 잘못되어 어찌될까 의심하면서 먹지를 않는 것과 같은 이치이다.

　병에 걸린 사람이 만약 의사나 약을 의심해서 치료를 받지 않거나 약을 복용하지 않는다면 병이 나을 수 있겠는가. 천하제일의 명의를 만나더라도 의심만 하고 있다면 결코 병이 나을 수 없다.

　불교 교리를 외우거나 경전의 구절을 암송

하면서 그것에 합당한 마음공부도 수행도 하지 않는다면 그것은 약 처방전을 많이 가지고 있는 것을 자랑만 하면서 정작 약을 복용하지 않는 것과 같다. 나름 열심히 불교 공부한 사람이라면 반야심경(般若心經) 정도는 다 외운다. 그런데 반야심경의 대가라는 사람이 색즉시공(色卽是空)의 '색(色)'을 '물질일반'이라고 번역하고 있으니 어찌 반야심경이 가리킨 그 본체를 보겠는가. 반야심경의 앞 구절에서 '몸과 인식작용을 밝게 보아(照見五蘊皆空)'라고 밝혔는데도 깊이 수행을 하지 않으니, 그저 '물질은 곧 공하고(色卽是空)'라며 앵무새처럼 외우고 있는 것이다. 그러면 괴로움이라는 병이 나을 수 있을까?

깨닫지 못한 사람은 모두 욕망 속에서 살고 있다. 그런데 이 욕망을 '좋은 심리(善心所)'인

정진이나 원력 등으로 만들어서 참선 수행하는 지견(知見)의 힘을 갖춘 이가 있고, 욕망을 '나쁜 심리(惡心所)'인 삼독 등으로 만들어서 괴로움을 키우는 사람이 있다. 어느 방향으로도 진행될 수 있는 이 욕망 속에서 자기의 마음을 잘 갈무리하여 깨달음을 이룬 사람은 다시는 번뇌 망상으로 넘어가지도 않고 괴로움에 빠지지도 않는다.

수만 번의 담금질과 두들김 속에서 태어난 보검은 더 이
상 이전의 녹슬어가던 고철이 아니다.

용시범중오무생
勇施犯重悟無生하니

조시성불우금재
早時成佛于今在로다

사자후 무외설
獅子吼 無畏說이여

심차몽동완피달
深嗟懞憧頑皮靼로다

용시는 중한 죄를 범하고도 열반을 깨달으니

일찍이 성불하여 지금까지 전해지고 있도다

사자의 포효와도 같은 두려움 없는 말씀이여

어리석음 두터워 깨닫지 못함 깊이 슬퍼하도다

* 용시(勇施) :『불설정업장경(佛說淨業障經)』에 나오는 수행자. 아주 오랜 옛날 중향세계(衆香世界)에 일무구광여래(日無垢光如來)께서 중생을 제도하고 계실 때 용시라는 수행자가 있었는데 너무나 잘 생겨서 한 여인이 반해 병이 들어버렸다. 그녀의 어머니가 꾀를 내어 용시를 유인해서 두 사람은 정을 통하게 되었다. 일은 더욱 나쁘게 진행되어 정을 통한 여인의 남편을 죽이고 말았다. 정신을 차린 용시는 자신의 죄를 공개하며 참회시켜 줄 인물을 찾다가 비국다라존자를 만났다. 존자가 "죄의 성품을 찾아보면 아무것도 없다(推罪性了不可得)"고 말씀하시는 것을 듣고 완전한 깨달음에 이르렀고, 이후 보월여래(寶月如來)가 되시어 상광국(常光國)에서 중생을 제도하고 계신다.

* 사자후(獅子吼) : 사자의 포효. 부처님의 설법. 깨달은 이의 가르침.

* 완피달(頑皮靼) : 가공하지 않고 말린 소의 목덜미 가죽. 두껍고 딱딱해서 송곳도 들어가지 않을 정도임.

송강 해설

사람들은 자신이 할 수 없다는 많은 이유를 만들어낸다. 실패한 사람은 실패할 수밖에 없었던 무수한 이유를 밖에서 찾아낸다. 심지어 그 이유로 부모를 꼽기도 하고 출신 지역을 들먹이기도 한다.

영가현각 선사는 극단의 처방을 택했다. 바로 『불설정업장경(佛說淨業障經)』에 등장하는 '용시(勇施)'라는 수행자를 예로 들었다. 용시는 비록 꾀임에 빠지긴 했으나 간음죄와 살인죄를 짓고 말았다. 하지만 뒤늦게나마 남 탓을 하지 않고 자신의 잘못을 인정하고 진심으로 참회하길 원했다. 하지만 그 참회마저도 오직 자신만이 할 수밖에 없다는 것을 모르고 있었다. 방황하던 용시는 비국다라 존자를 만나서 참회시켜

달라고 애원했고, 존자는 용시를 위해 가르침을 폈다. 존자의 말씀 가운데 "죄의 성품을 찾아보면 마침내 아무것도 없다(推罪性了不可得)"는 말에 크게 깨달았다. 그리고 보월여래(寶月如來) 즉 부처가 되어 중생들을 지도해 왔었다.

위의 얘기를 들은 사람들은 몇 가지의 결론을 내린다. (1)용시라는 인물이 특수한 존재이기 때문에 가능했지, 아무나 그렇게 될 수 있는 것은 아니다. (2)용시는 참 나쁜 사람이다. 어찌 간음죄와 살인죄를 저지른 사람이 부처가 될 수 있는가. (3)가령 깨달았다고는 하지만 그는 나쁜 사람이니 가르침을 받을 수 없다. (4)세상에 그런 일이 어디 있어. 다 거짓말이야.

위와 같은 결론은 실제로 우리가 늘 듣고 있는 얘기들이다.

용시의 얘기는 과거에 속박되지 말라는 것이

다. 과거는 흘러가 버렸지만 사람들은 스스로 과거에 묶이고 만다. 그래서 현재와 미래를 망쳐버린다. 물론 깨닫기 위해 선근공덕을 많이 쌓아야 한다는 가르침도 있다. 그렇다고 깨달음에 대한 열정을 멈추고 그렇게 하라는 뜻은 아니다.

불교는 괴로움으로부터 해탈하는 것을 가르쳐 주는 종교이다. 만약 해탈로 이어지는 선행이 아니라면 그것이 아무리 멋져 보여도 불교는 아니다. 비록 도덕적이고 검소하며 타의 모범이 된다고 해도, 해탈하지 않은 상태라면 반드시 괴로움이 있을 것이다. 그렇다면 부처님의 가르침에는 어긋난 것이다. 그래서 죄를 지은 용서의 예를 들었던 것이다.

깨닫고 나면 두려울 것이 아무것도 없다. 그래서 모든 선지식들은 해탈하라고 가르친다. 하지만 스스로를 보지 않고 바깥에서 온갖 이유를 찾으며 집착을 놓지 않는 사람은 괴로움으로부터 한 걸음도 벗어나질 못한다. 그들을 바라보는 선지식들의 안타까움을 아는가.

인도 갠지스 강변의 걸인들. 부자나 이 걸인들이나 괴로
움 속에 있는 것은 같으며, 또한 수행하면 누구나 깨달
을 수 있는 점도 동일하다.

       – 2009년 12월 10일 성지순례하며 촬영.

지 지 범 중 장 보 리
只知犯重障菩提하고

불 견 여 래 개 비 결
不見如來開秘訣이로다

다만 중한 죄 범하면 깨닫는 것에 장애되는 것만 알 뿐

여래께서 비밀스러운 방법을 열어 두심 보지 못하도다

---

* 보리(菩提) : 산스크리트 보디(Bodhi)를 소리대로 한역(漢譯)한 말. 뜻으로 한역해서 각(覺)·지(智)·도(道)라 함. 궁극적으로는 부처님의 깨달음과 그 깨달음의 지혜를 가리키며, 모든 수행자들이 목표로 하는 깨달음을 뜻함.

송강 해설

불교의 계율에 네 가지 중한 계목으로 살생(殺)과 도둑질(盜)과 음행(婬)과 거짓말(妄)을 들고 있는데, 이때의 거짓말은 깨닫지 못했으면서 깨달았다고 속이는 것을 말한다. 이것을 사바라이(四波羅夷)라고 하며, 저질렀을 때 수행자가 승단에서 추방되는 항목이다. 이 네 가지를 살펴보면 누군가에게 피해를 주는 항목이다. 특히 자신이 깨닫지 못했으면서 깨달았다고 속여 성현의 대접을 받는 이들이 역사적으로 참 많았는데, 이들은 수많은 사람들의 삶을 비정상적으로 망가뜨려 결과적으로는 고통에 빠트렸으니 가장 사악한 것이 되겠다.

한편 이 네 가지는 자신의 수행에 큰 장애가 된다. 그러니 깨달아 해탈하겠다고 원을 세우고 수행하는 입장에서는 잘못된 길로 가는 꼴이다. 그렇기 때문에 승단에 귀속한 수행자가 이 네 가지를 저지르면 승단에도 악영향을 미치므로 승단에서 추방하는 것이다.

그런데 부처님의 가르침에는 이에 대한 응징만 있는 것이 아니다. 위와 같은 행위가 비록 옳지 못하고 수행에도 장애가 되는 것은 분명하지만, 그런 행위를 한 사람이 절대로 깨달을 수 없다는 것은 아니다. 물론 그런 행위를 한 사람이 깨닫기 위해서는 보통 사람들보다 훨씬 더 힘든 수행을 해야만 한다.

부처님 당시 외도(外道-불교 외의 수행자) 가운데 앙굴리마라(손가락목걸이)가 있었다. 본래 이름은 아힘사카(Ahimsaka)로 영리하고 잘생긴 청년이었는데, 그릇된 스승의 가르침에 따라 사람을 죽이기 시작하여 세상이 두려워하는 악귀처럼 되고 말았다. 나라에서도 체포하지 못한 것을 부처님께서 만나 잘못을 뉘우치게 만들었다. 부처님께서는 왕의 허락을 받아 제자로 삼았다. 하지만 앙굴리마라는 탁발을 나가서 자신의 과거 악행에 대한 과보로 피투성이가 되면서 몸과 마음으로 참회를 했다. 결국 긴 여정을 거쳐 깨달음에 이른 앙굴리마라는 모든 사람들을 감복시켰다.

부처님의 비법이란 누구나 깨달을 수 있다는 것이다. 비록 깨달음에 빠르고 느림은 있을 수 있으나 잘못을 저질렀다고 깨달을 수 없다는 것은 아니라는 것이다. 즉 몸과 마음으로 참회를 하면 누구나 성불할 수 있는 것이다. 사실 죄(罪)나 업(業)이라는 것도 만들어졌다가 소멸되어 가는 것으로, 정해진 실체가 없다는 공(空)의 도리를 깨닫는 것이 참회의 궁극이다. 세상에는 영원한 선도 영원한 악도 없는 것이며, 선악은 본성의 바다 위에 일어났다가 사라지는 파도일 뿐이다. 연기(緣起)의 이치와 공(空)의 도리를 터득한 이는 다시는 괴로움의 윤회(輪廻-되풀이) 속으로 들어가지 않는다. 바로 해탈이다. 그래서 부처님의 가르침이 위대한 것이다.

중국 선종의 삼조가 되시는 승찬 대사께서 주석하셨던 삼조사(三祖寺) 입구에서 촬영한 사진. 승찬 대사는 40대까지 문둥병 환자로 떠돌다가 이조 혜가 대사를 만나 공(空)의 이치를 깨닫고 출가했으며 문둥병이 나았다. 혜가 대사의 수제자가 되어 삼조가 되셨다.

－ 2012년 10월 5일 촬영.

유 이 비 구 범 음 살
有二比丘犯淫殺이여

바 리 형 광 증 죄 결
波離螢光增罪結하고

유 마 대 사 돈 제 의
維摩大士頓除疑하니

환 동 혁 일 소 상 설
還同赫日消霜雪이로다

두 비구가 음행과 살생을 범했음이여

우바리 작은 지혜 죄의 매듭 더하였고

유마거사는 단박에 두려움을 없애주니

빛나는 해가 서리와 눈 녹임과 같도다

송강 해설

　이 비구의 얘기는 『유마경(維摩經)』「제자품 (弟子品)」에서 가져온 것이다.

　「석가모니부처님 당시 두 비구가 산속에서 수 행을 하고 있었다. 어느 날 한 비구가 볼일이 있 어 외출을 하였고, 남은 비구는 피곤하여 잠에 떨어져 버렸다. 그때 나무를 하러 왔던 한 여인 이 잠든 비구를 보고는 마음이 동해 음행을 하 였다. 잠에서 깬 비구는 자의는 아니었으나 여 인과 음행을 한 것을 알고는 깊은 고뇌에 빠졌 다. 돌아온 비구가 자초지종을 알고는 여인을

* 바리(波離) : 우바리를 줄인 말. 우빠알리(Upāli)는 석가모니 부처님의 십대제자 중 계율을 가장 잘 지킨(持戒第一) 제자임.
* 유마대사(維摩大士) : 유마경(維摩經)의 주인공인 유마힐(維 摩詰, vimalakīrti) 거사. 무구칭(無垢稱)·정명(淨名)이라고 한 역(漢譯).

혼내주려고 하자 여인이 도망가다가 낭떠러지에 떨어져 죽고 말았다. 두 비구는 의논 끝에 지계제일 우바리존자를 찾아가 참회할 길을 가르쳐 달라고 했다. 우바리존자는 계율의 가르침대로 "음행과 살인을 했으니 참회할 길이 없으며 지옥에 떨어질 것이다. 가사를 벗고 세상으로 나가라."고 했다.

마침 그때 유마거사가 지나가다가 그 얘기를 듣고는 우바리존자에게 다음과 같이 말했다. "존자시여, 이 두 비구의 죄를 더 무겁게 만들지 마십시오. 곧바로 죄를 없애주어 더 이상 마음을 요란케 하지 마십시오. 왜냐하면 죄의 성품은 안이나 바깥이나 중간 그 어디에도 없습니다. 부처님께서 말씀하신 바와 같이 마음에 허물이 있으면 중생에게 허물이 있고 마음이 깨끗하면 중생이 깨끗합니다. … 모든 법은 생멸하여 머물지 않으며 또한 한 생각도 머물지 아니합니다. 모든 법은 꿈과 같고 아지랑이 같으며 물속의 달과 같고 거울 속의 형상 같아서 모두가 망상으로 나는 것입니다. 이 이치를 아는 것을 계율을 잘 받고 잘 이해한다고 하는 것입니다."

유마거사의 말을 들은 두 비구가 마음의 얽매임을 풀어버리고 큰 발심을 하였다.」

위의 얘기에서 우바리존자는 자신이 알고 있는 바대로 말한 것이다. 하지만 계율의 최종적인 목적인 해탈로 나아가는 길을 제시하지는 못했다. 수많은 사람들이 바로 이 우바리의 수준에 머물면서 자긍심을 갖는다.

유마거사는 불법의 근본을 설명하고 있다. 누구나 살면서 실수도 하고 잘못을 범하기도 한다. 실수도 하지 않고 잘못을 범하지도 않는다면 무슨 괴로움이 생기겠는가. 괴로움을 해결하지 못한 사람은 더 큰 사고를 치고 만다. 어떻게 하면 이 괴로움으로부터 해탈할 수 있는가. 바로 이것이 불교수행의 핵심이다. 유마거사는 부처님의 가르침을 재해석해 보였다. 마음이라는 것도 정해진 실체가 없으며 죄라고 하는 것도 실체가 없는 것이다. 그것을 무엇이라고 규정해버림으로 인해 돌이킬 수 없는 속박을 만들어버리는 것이다.

불교의 목적은 괴로움으로부터의 해탈이다. 해탈한 상태에 이르면 더 이상 괴롭히는 것들이 없기에 고요하게 소멸되었다(寂滅, 涅槃)고 한다.

불교의 팔만대장경을 다 외운다고 해도 경전 자체가 사람을 해탈시키지 못하며, 수행자가 평생 계를 잘 지켰다고 해서 깨달았다고 하진 않는다. 그 노력에 있어서는 타의 모범이 되긴 하지만, 스스로의 문제도 해결하지 못했기에 다른 사람을 해탈시키기 어렵다. 자신의 문제에 속박되어 전전긍긍하는 사람이라면 자비를 펼칠 수도 없는 것이다. 그러니 작은 지식에 머물지 말고 큰 깨달음에 이르러야 비로소 선지식의 역할을 할 수 있는 것이다.

유마경의 배경이 되는 바이살리에 있는 대림정사 유적
지. 아소카왕이 세웠다는 석주 위의 사자상이 완벽하게
남아 있는 곳. 사자는 부처님의 상징으로 많이 인용된
다.

부 사 의 해 탈 력
不思議 解脫力이여

묘 용 항 사 야 무 극
妙用恒沙也無極이라

사 사 공 양 감 사 로
四事供養敢辭勞아

만 량 황 금 역 소 득
萬兩黃金亦銷得이로다

생각으론 미칠 수 없는 해탈경지의 힘이여

묘한 작용 항하 모래 같아 다함이 없음이라

네 가지 공양인들 굳이 수고롭다 사양하랴

만 냥의 황금이라도 또한 녹일 수 있도다

송강 해설

깨달아 모든 얽매임과 고뇌로부터 해탈한 이가 지혜를 쓰는 그 경지에 대해서는 어떤 경전이나 논서의 설명이라도 미칠 수 없다. 생각으로 헤아려 알 수 있는 경지라면 짐작이라도 해보겠지만, 그것은 불가능하다. 해발 2천 정도의 고산에 올라본 사람이라도 자신이 경험한 정도의 고생이나 희열로 8천 정도의 고봉에 오른 사람의 체험을 짐작하는 것은 불가능하다.

▶항사(恒沙) : 항하사(恒河沙)의 줄임. 갠지스의 산스크리트 이름 강가(gaṅgā)를 소리대로 옮겨 항하(恒河)라고 함. 갠지스의 모래.
▶사사공양(四事供養) : 옛 인도에서 일반인들이 수행하는 이들에게 제공하는 네 가지. 즉 음식(飮食), 의복(衣服), 와구(臥具), 의약(醫藥). 탁발을 전통으로 하는 인도의 불교에서도 이것을 받아들였음.

깨달음의 지혜는 상황마다 다르게 발휘된다. 찰나마다 다른 상황이 전개되는 인간의 삶에서 그것에 적절한 지혜가 발휘되는 것은 무한하다. 그 작용이 너무나 미묘해서 짐작할 수 없기에 묘용이라고 표현한 것인데, 그것은 갠지스의 모래수를 능가한다.

옛날부터 수행자들이 많았던 인도에서는 자신들이 추종하는 계파의 수행자들을 위해 생활에 가장 필요한 물품 등을 제공하는 공양(供養)의 미풍이 있었다. 자신이 직접 수행을 하기 어려운 일반인들 또는 신자의 경우, 수행자가 깨달은 진리에 대한 가르침을 받을 수 있는 기회를 만드는 방법이기도 했다. 불교에서도 이 미풍을 그대로 받아들였다. 그 대표적인 것이 사사공양(四事供養)이라는 것으로 음식(飮食), 의복(衣服), 와구(臥具), 의약(醫藥)의 네 가지를 신자들로부터 제공받는 것이다. 이것은 일종의 분업과도 비슷한 것이며, 서로 부족한 부분을 보완해 주는 방식이기도 하다.

깨달음에 이른 수행자는 이 공양을 능히 받을 자격이 있다. 뿐만 아니라 엄청난 재정적 보시라도 받을 자격이 있다. 왜냐하면 깨달음에 이른 이들은 어떤 것도 사사로운 이익을 위해서 사용하지 않고, 가장 효과적인 방식으로 수많은 대중들에게 되돌리는 회향(廻向)의 공덕을 만들기 때문이다. 이 회향으로 대중들의 물질적이고 정신적인 삶의 질을 상승시킬 수 있기 때문이다.

하지만 깨닫지 못한 이들일 경우는 오히려 사사로운 탐욕 때문에 자신과 대중 모두를 불행하게 만들기도 한다.

불교에서는 수행하면서 공양을 받은 최소한

의 도움이라도 깨달아 정신적으로 되돌려주는 회향을 하지 못할 경우는 모두가 빚이 된다고 경고하고 있다. 그래서 깨닫지 못하고 빚만 지게 되면 다음 생에는 소가 되어서라도 그 빚을 갚아야 된다고 하였다.

남방불교에서는 여전히 탁발에 의존한다. 라오스 루앙 프라방 탁발 장면.

        – 2011년 10월 16일 성지순례하며 촬영.

분 골 쇄 신 미 족 수
粉骨碎身未足酬여

일 구 요 연 초 백 억
一句了然超百億이로다

법 중 왕 최 고 승
法中王 最高勝이여

하 사 여 래 동 공 증
河沙如來同共證이라

뼈를 가루 내고 몸을 부수어도 갚을 수 없음이여

한 구절에 분명히 깨달으면 백억 배 은혜 갚으리

진리 가운데서도 왕이라 가장 높고도 뛰어남이여

갠지스 모래 수 같은 여래께서 함께 깨달았도다

송강 해설

참된 수행자라면 부처님의 은혜가 얼마나 큰
지를 언젠가는 알게 된다.

내가 젊었을 때는 부처님의 참된 은혜가 얼
마나 큰지를 알지 못한 상태였지만, 그 깨달음
의 그림자라도 엿보려고 수십만 번의 큰절을 올
리면서 내 몸을 내던졌었다. 무릎은 피투성이가
되었다가 아물기를 헤아릴 수 없이 했지만, 부
처님의 경지는 너무나 아득해서 결국 스승님을
찾아 산길을 올랐었다. 하지만 스승님은 내게
길을 가르쳐 주시지 않았었다. 그렇게 스승님과
함께 있는 동안 내가 알고 있던 그 모든 것들이
가짜였음을 알게 되었다. 나는 비로소 스승님의
경지를 흘깃 엿보게 되었다. 스승님은 항상 내
게 가르쳐 주셨던 것이다. 내가 그 경지를 알고

다시 다른 사람을 인도하는데 헌신하는 것이야
말로 바로 스승님의 은혜를 갚는 길이다.

다른 종교와 달리 불교에서는 스승과 제자의
관계가 특별하다. 물론 현재는 많이 훼손되었지
만, 그래도 면면이 그 전통이 이어지고 있으니
다행이다.

스승님 중에서도 석가모니부처님이 근본 스
승이시다. 해탈의 길을 열어 보여주신 스승님이
시기 때문이다. 하지만 스스로 해탈한 이가 아
니면 석가모니부처님의 가르침을 잘못 알고 있
다. 그래서 말과 글로서는 멋진 언어를 펼치면
서도 자신은 해탈하지 못한 채 고뇌하는 삶을
산다.

만약 반야지혜를 마음대로 쓸 수 있는 사람이
라면 스스로 부처님과 같이 자유자재한 삶을 살
게 될 것이다. 그리고 이미 이 세상에는 헤아릴

수 없이 많은 부처님들이 계심도 알게 될 것이다.

목숨을 걸었는데도 깨닫지 못하는 이는 없다. 계산하느라 깨닫지 못한 것이다. 예참하는 개화사 신도들.

아 금 해 차 여 의 주
我今解此如意珠하니

신 수 지 자 개 상 응
信受之者皆相應이라

요 요 견 무 일 물
了了見 無一物이여

역 무 인 혜 역 무 불
亦無人兮亦無佛이로다

내 이제 여의주에 대해 밝게 설명했으니

믿고 받는 이는 모두 서로 응할 것이라

분명하게 깨달아 보면 한 물건도 없나니

사람이랄 것도 없고 부처랄 것도 없도다

송강 해설

각자에게 있는 여의주(如意珠)인 본성자리에 대해 이처럼 간절하게 설명한 경우도 드물다. 하지만 어디까지나 언어문자의 설명이다. 그렇기 때문에 사전적인 해석을 일삼는 이라면 여의주를 보기 어렵다.

'믿고 받는다(信受)'는 말은 불교에서 사용하는 특수한 용어라고 할 수 있다. '믿는다(信)'는 것은 자신이 깨달을 수 있다는 것과 부처가 될 수 있다는 것을 확신하는 것이며, '받는다(受)'는 것은 가르침이 자기의 것이 되도록 한다는 뜻이다. 결국 믿고 받는다는 뜻은 스스로 확신을 가지고 수행하여 자기의 경지가 깨달음에 이른 것을 뜻하는 것이다. 깨달음에 이른 사람들끼리는 그저 간단한 말이나 하나의 행위로도 서로 통한다.

분명하게 깨달으면 한 물건도 없다는 말은 참 시원하다. 공부하는 이들이 잡다한 것에 걸려 있으면 '한 물건'을 찾으라고 한다. 그러나 깨닫고 나면 더 이상 한 물건도 찾을 것이 없는 것이다. 이미 그 어떤 것에도 걸리지 않으면, 그 어떤 것도 자유자재한 삶을 방해할 것이 없다.

깨달음의 자리는 텅 비어 있는 허공 같은 것이다. 그 허공에 그림을 그린 것은 자신의 허물이지 허공의 허물이 아니다. 이미 허공 같은 사람이라면 부처와 중생을 따지고 분별할 것이 없는 것이다. 성자니 범부니, 부처니 중생이니 하며 따지는 것은 어리석은 사람들의 철부지 놀이일 뿐이다.

강과 새와 배와 사람 가운데 무엇이 귀한지를 태양에게
물어보라. 갠지스 강의 일출.

— 2009년 12월 10일 촬영.

대천사계해중구
大千沙界海中漚요

일체성현여전불
一切聖賢如電拂이라

가사철륜정상선
假使鐵輪頂上旋이라도

정혜원명종불실
定慧圓明終不失이로다

모든 우주법계가 바다 가운데 거품이요

일체 성현들은 번갯불 번쩍임과 같도다

비록 무쇠 바퀴를 머리 위에 돌리더라도

선정 지혜 원만히 밝아 끝내 잃지 않도다

* 대천사계(大千沙界) : 우주의 10억 배를 뜻하는 삼천대천
(三千大千)과 갠지스 모래와 같은 세계라는 뜻의 항사계(恒沙
界)를 합친 말.

송강 해설

생사윤회로부터 해탈하는데 무엇이 필요할까? 이 우주에 대해 연구한 모든 과학적이고 지적인 학문들이 도움이 될까? 만약 그랬다면 고대인들에 비해 현대인들은 고뇌로부터 훨씬 자유로워야 할 것이다. 과연 그런가?

불교에서도 엄청난 연구가 집적되어 있다. 대장경(大藏經) 안에 있는 수많은 논서(論書)들은 뛰어난 연구논문들이다. 이 연구논문들을 학문적으로 접근하면 해탈하는데 도움이 될까? 만약 그 논서(論書)에서 강조한 수행을 하여 깨달음으로 나아갈 수만 있다면 분명 도움이 될 것이다. 하지만 학문적 연구에만 그친다면 해탈에 도움이 되지 않는다. 심한 갈증에 시달리는 사람이 우물에 대한 정보를 얻었다고 치자. 그 정보를 분석하고 연구해서 우물까지 가는 방법은 연구했는데, 그 연구 성과에만 만족하고 실제로는 우물까지 가지 않는다면 갈증에서 벗어날 수 있겠는가. 우물에 가지도 않은 사람이 우물의 물을 마시고 갈증에서 자유로워질 리는 만무하다. 누군가가 다시 그 우물을 말해주면 "이미 알고 있는 얘기잖아!"하고 말하면서 여전히 고통스러워 할 것이다.

불교가 지금까지 이어지는 동안 깨달으신 분들은 헤아릴 수 없이 많다. 그분들 가운데는 어록을 남기기도 했고 또는 각종 고승전이나 선어록 등에 간단한 문답을 남기기도 했다. 그런데 그분들의 어록이나 문답 등을 외우면 무슨 도움이 될까? 그때그때의 상황에서 마음을 다한 상대에게는 분명히 그 어록과 문답이 도움이 되었을 것이다. 하지만 그 언어만을 외우면서 안다고 생각하는 이에게도 도움이 될까?

　마치 무쇠로 된 톱니바퀴 같은 것이 머리 위에서 돌면서 머리를 갈아 없애 버릴 것 같은 상황이 전개된다면 어떨까? 그 톱니바퀴가 스스로 만든 공포심이라면 또 어떻게 할까? 만약 누군가가 엄청난 힘(권력)으로 겁박하려 든다면 어떻게 할까? 지금까지 공들여서 배우고 익힌 지식들은 흩어져 버리고 어쩔 줄 모른 채 두려움의 풍랑에 휩쓸려가게 될 것이다. 과거에도 그랬고 현재에도 그렇다.

　그러할 때 자신을 그 두려움으로부터 보호해 주는 것은 물질적인 권력이나 재산이나 학위 등이 아니다. 스스로 수행해서 도달된 경지인 흔들림 없는 삼매(三昧)와 결코 흐려지지 않는 지혜(智慧)만이 자신을 자유자재하게 해 줄 뿐이다.

삼매와 지혜의 경지에 이르지 못하면, 죽음에 이르게 하는 소용돌이가 자기 자신에게서 시작된다.

일 가 냉 월 가 열
日可冷 月可熱이언정

중 마 불 능 괴 진 설
衆魔不能壞眞說이라

상 가 쟁 영 만 진 도
象駕崢嶸漫進途어니

수 견 당 랑 능 거 철
誰見螳螂能拒轍가

해를 차게 하고 달을 뜨겁게 할 수 있을지언정

온갖 마구니들이 참된 말씀 허물 수는 없도다

코끼리가 수레 끌고 위풍당당이 길을 가는데

버마재비 수레 막는 것을 누가 볼 수 있으랴

* 쟁영(崢嶸) : 산세가 거칠고 드높음. 위풍당당함.

송강 해설

해를 차갑게 만들고 달을 뜨겁게 만드는 것은 불가능하다. 그 불가능한 일을 할 수 있다고 치더라도 모든 마구니들이 참된 말씀을 허물 수는 없다. 불교에서의 마구니(魔)는 장애를 일으키는 방해꾼으로 설정되어 있는데, 궁극적으로 보면 그것 또한 마음에서 비롯된다고 할 수 있다. 외적 대상으로 보더라도 자신의 마음작용이 어떠하냐에 따라 방해꾼도 될 수 있고 친구도 될 수 있으며, 이도저도 아닐 수도 있는 것이다.

여기서 '참된 말씀'이라고 한 것은 깨달음의 말씀이며, 궁극적으로는 깨달음의 경지이다. 따라서 깨달음의 경지를 허물 수 있는 것은 아무 것도 없다는 뜻이다.

중국의 역경불사를 방대하게 이루신 쿠마라

지바(Kumārajīva) 삼장께서는 여러 통치자들에게서 신체적인 구속을 당하셨지만, 깨달음의 경지까지 구속당하신 것은 아니었다.

쿠마라지바(Kumārajīva) 삼장의 뛰어난 제자인 승조법사(僧肇法師)는 그 뛰어난 지혜 때문에 후진(後秦)의 황제 요흥(姚興)으로부터 정승을 맡아달라는 청을 받았다. 하지만 그는 끝내 거절했기에 황제의 미움을 받게 되어 31세의 나이로 사형을 당하게 되었다. 그때 사형집행관이 남길 말이 없느냐고 묻자 담담하게 다음의 게송을 읊었다.

사대원무주(四大元無主)
사대육신에는 원래 주인이 없고
오온본래공(五蘊本來空)
몸과 인식작용도 본래 빈 것이라.

장두임백인(將頭臨白刃)

만일 칼로 내 목 친다고 할지라도

유여참춘풍(猶如斬春風)

오히려 봄바람 베는 것과 같으리.

결국 승조법사의 위풍당당한 길을 황제도 막지 못했다. 현상적으로는 황제가 승조법사를 죽인 것이 되지만, 진리의 측면에서 보자면 황제는 수레를 멈추려고 한 버마재비가 되고 만 것이다. 이것이 싯다르타께서 전륜성왕의 자리를 버리고 부처의 길로 나아가신 까닭이다.

하지만 코끼리가 끄는 수레를 보지도 못하고 타지도 못한 사람은 버마재비와 같은 권세에 굴복하기도 한다.

(좌) 쿠차의 석굴사원 유적지를 배경으로 모셔져 있는 쿠마라지바 삼장 동상. 2010년 8월 3일 타클라마칸 사막을 횡단하여 파미르고원까지 갈 때 참배한 후 촬영.
(우) 쿠마라지바 삼장의 동상이 해를 등진 상황이라 얼굴부분만 촬영한 것.

대상불유어토경
大象不遊於兎徑이요

대오불구어소절
大悟不拘於小節이라

막장관견방창창
莫將管見謗蒼蒼하라

미료오금위군결
未了吾今爲君決이로다

큰 코끼리는 토끼 다니는 길에 노닐지를 않고

큰 깨달음 작은 절목 따위에 얽매이지 않는다

좁은 대 구멍으로 보고 하늘 작다고 비방 말라

깨닫지 못한 그대 위해 내 이제 결단해 주노라

* 창창(蒼蒼) : 심하게 비방함.

송강 해설

오래전 네팔에 갔을 때의 일이다. 카트만두에서 택시를 타고 높은 지역에 있는 전망대로 향할 때였다. 기사에게 눈앞에 보이는 높은 산 이름이 무엇이냐고 물었더니, 그가 웃으며 말했다. "네팔에서는 3천 미터 정도는 산이라고 하지 않고 그냥 동산이라고 한답니다."

공부가 깊어 일상생활 자체가 삼매가 된 사람이라면 썩어가는 시체를 봐야 비로소 무상을 느끼는 것도 아니며, 호흡을 안정시키고 마음을 맑게 하기 위해 방문을 닫아걸고 벽을 보고 앉아야만 고요해지는 것이 아니다. 모든 삶에 자유자재한 사람에게 초보자를 위해 설명한 가이드라인 따위를 적용시키려는 것은 부처님께 팔정도를 설명하는 것과 같다.

운전에 완전히 숙달되어 있는 사람이라면 돌발적인 사태를 만났을 때 생각 이전에 핸들을 꺾거나 브레이크를 밟는다. 자유자재한 사람이라면 모든 삶에 있어서 그와 같이 행한다. 그것이 바로 참된 지혜이다. 찰나마다 변하는 삶은 연구실에서 심사숙고하며 연구하여 결론을 내릴 때를 기다려 주지 않는다.

불교의 선지식들은 흔히 '있기도 하고 없기도 하다'는 표현을 한다. 이것은 말장난을 하는 것이 아니다. 어떤 경지에 도달했거나 어떤 체험을 한 이에게는 분명히 특별한 경지나 현상이 있지만, 아직 그 경지에 이르지도 못했고 체험도 하지 못한 이에게는 그런 경지나 현상은 없는 것이다.

그러니 모르면 입을 다무는 것이 좋고, 이르지 못했으면 비방하지 말고 스스로 정진해서 체득해 보면 분명해진다.

사르나트(Sarnath). 부처님께서 처음으로 진리를 설파하
신 녹야원(鹿野園)에 있는 영불탑(迎佛塔–부처님을 맞
이한 탑). 싯다르타께서 6년 고행을 그만두고 목욕하시
고 우유죽을 받아 드셨으며 심지어 직접 탁발하러 나가
시자, 곁에서 시중을 들던 다섯 사람이 타락했다며 녹야
원으로 가버렸다. 부처님께서는 성불하신 후 처음 가르
침을 펼 대상으로 다섯 사람을 생각하시고 직접 먼 길을
걸어 녹야원으로 가셨다. 처음에는 기존의 관념대로 타
락자로 보다가 이윽고 달라진 모습을 보고 마음을 열어
스승으로 받아들이게 되었다. 이것을 기념하여 후대에
세운 탑이다. 녹야원의 입구에 있다.

– 2017년 2월 15일 촬영.

도를 깨달은 노래
證道歌

초판 발행 2020년 10월 31일

지은이 　 영가현각 선사

역해 　 시우 송강

사진 　 시우 송강

표지 그림 하반영

발행인 　 이상미

발행처 　 도서출판 도반

편집팀 　 최명숙, 김광호, 이상미

대표전화 031-465-1285

이메일 　 dobanbooks@naver.com

홈페이지 http://www.dobanbooks.co.kr

주소 　 경기도 안양시 만안구 안양로 332번길 32

ISBN 979-11-89988-66-1 (03220)

* 인터넷에서 개화사를 검색하시면 송강 스님을 만나보실 수 있습니다.

　 http://cafe.daum.net/opentem